Élisabeth Filhol

Sister-ship

Roman

P.O.L
33, rue Saint-André-des-Arts, Paris 6e

ISBN : 978-2-8180-6163-3
www.pol-editeur.com

À Philippe

Objectif Titan

Le discours de clôture de la 133e édition du Congrès international d'astronautique a été enregistré à Darwin, le 17 novembre 2082.

La zone habitable

Il existe une terre dans notre Système solaire qui n'a pas rang de planète mais le mériterait, annonça Lee Wang. Par sa taille, elle le mériterait, presque aussi grande que la planète Mars, mais moins inhospitalière. Regardez cette image à l'écran. Regardez le ciel derrière vous et cette image derrière moi. Nous pourrions y être, avoir aménagé une vaste esplanade au bord de l'Ontario Lacus, un des plus beaux lacs de Titan. Nous pourrions être installés là-bas, sous une voûte de la même couleur jaune orangé que cette bande de ciel, derrière vous, qui est tout ce qui reste du soleil couchant au-dessus de la plage, maintenant que le soleil a basculé. Pas deux couchers de soleil qui se ressemblent à cette période de l'année où prend fin la saison sèche, où l'on espère voir enfin arriver la mousson. Pas deux crépuscules identiques et celui qui nous a été offert ce soir, par une heureuse concordance des temps, nous transporte là où nous aurions déjà dû aller, là où l'humanité sera bientôt. Pas tout à fait équipée comme elle l'est dans son environnement naturel, mais presque aussi libre de ses mouvements. Libre d'aller et venir, débarrassée des scaphandres sous pression qui l'encombrent dès qu'elle s'aventure à mettre un pied dehors, ailleurs que sur Terre, exposée partout aux radiations, aux amplitudes extrêmes. Partout sauf sur cette planète qui n'en est pas une, à neuf unités astronomiques de chez nous. Dans la séquence d'archives qui va suivre, les signaux émis en direction de la Terre ont mis quatre-vingts minutes à nous parvenir.

Ce que nous entendons est le son enregistré par la sonde Huygens pendant sa descente à travers l'atmosphère de Titan. Le souffle généré par la friction de l'air a un tempo régulier. Les fortes variations d'intensité confirment la présence d'une succession de couches nuageuses. Jamais un objet fabriqué par l'homme n'avait été largué à une telle distance, dans le champ d'attraction d'un corps céleste aussi éloigné. Titan est un des satellites naturels de Saturne, de toutes les lunes de Saturne de loin la plus grosse, et bien au-delà, de toutes les lunes du Système solaire, à l'exception de Ganymède. Pour les historiens de la conquête spatiale, le siècle d'or démarre le 14 janvier 2005. Et si cette date, nous la connaissons tous, l'événement à l'époque n'a pas eu le retentissement qu'il aurait dû avoir. Seuls les ingénieurs de la mission Cassini-Huygens et une communauté d'astronomes en ont pris la mesure. À l'instant où les premières images leur sont parvenues, d'un astre dont on n'avait jamais touché le sol. Ni même aperçu la surface dans l'œil d'un télescope, dissimulée sous une atmosphère trop épaisse, trop dense. Ils ne savaient pas à quoi s'attendre, quand ils ont conçu Huygens, la sonde d'atterrissage transportée par l'orbiteur Cassini et larguée en aveugle, à l'aplomb de l'équateur de Titan, certes, mais au-dessus de quoi ? Sous l'atmosphère brumeuse, jaune, ocre jaune, un sol dur, un sol meuble ? De la roche, de la glace, de vastes étendues liquides ? Des cratères, des volcans ? Ils ne disposaient d'aucune information, aucun indice leur permettant d'extrapoler, par analogie avec des corps célestes mieux connus. Mars par exemple, qui est si photogénique, observable d'ici, avec nos instruments optiques, puisque Mars n'a presque pas d'atmosphère, que rien ne fait écran.

Huygens n'a pas été détruite. Huygens nous attend à l'équateur de Titan, par 192° de longitude ouest. Regardez-la. La seule soucoupe volante à avoir voyagé dans notre Système solaire et s'y être posée. Quelque part sous la brume, et parce qu'on ne savait pas sur quoi, sur quel type de surface, pour accroître ses chances, le temps d'enregistrer et transmettre, on l'a conçue comme ça, sous son bouclier thermique, en forme de soucoupe. Notez que cette architecture n'est ni arbitraire ni fantaisiste. C'est la forme polyvalente par excellence, l'ovni tel qu'il s'invente spontanément, dans le regard aussi bien de ceux qui scrutent le ciel que de ceux qui construisent, la forme que l'on choisit quand on ne peut pas choisir, qu'aucune donnée de terrain ne nous guide. Capable de rebondir, de glisser et se stabiliser. Capable de flotter, de surfer sur la vague, de dévaler une pente ou de s'échouer. On devait parer à toute éventualité, les ingénieurs l'ont fait. Fixée au dos de Cassini, avant de s'en décrocher pour atterrir le 14 janvier 2005, à plus d'un milliard de kilomètres de la Terre. Ce jour-là, à Darmstadt, dans la salle de contrôle de l'Agence spatiale européenne, l'image est saisissante. Deux heures de descente à travers les couches nuageuses, et soudain, à trente kilomètres d'altitude, les nuages se déchirent, l'atmosphère s'éclaircit. Avec une pression comparable à la nôtre. Depuis nos représentations se sont affinées, mais jamais rien ne vaudra cette première vision, le choc du premier regard, l'émotion des équipes au sol réunies et qui ne dormiront pas trente-six heures d'affilée, absorbées par la réception des données et leur traitement pour une diffusion la plus large possible.

Cette photographie du site d'atterrissage a été prise juste après l'impact, transmise par Huygens, relayée par Cassini. Sur la droite, on aperçoit l'ombre portée du parachute qui se pose avec un temps de retard. Et sur la bande-son, si on tend l'oreille, l'écho d'un froissement. Puis le silence. Pas tout à fait. Les capteurs enregistrent le bruit du vent ce matin-là, un vent léger. À elles seules, les données collectées par le programme Cassini-Huygens ont alimenté vingt-cinq ans de recherche et tout notre savoir sur Titan. Jusqu'aux missions robotisées du programme Dragonfly. Alors nos connaissances se sont enrichies, des hypothèses ont été confirmées ou infirmées, des théories confortées, mais rien ne remplacera le choc de la rencontre, l'effet des premiers sons, des premières images. Et la surprise d'être transportés en terrain familier, alors qu'on s'était préparés à autre chose. Du nouveau, du jamais-vu. Ou à défaut, du déjà-vu mais pas chez nous. On n'anticipait rien de précis, sinon l'extraordinaire spectacle des lois et principes universels, des mille et un possibles qui en découlent, et par là autant de paysages. On a été à bonne école. Depuis qu'on étudie le cosmos, on a appris à s'émerveiller devant autant d'invention. Devant autant d'impensable ou d'impensé serait plus juste. Mais dans cette surenchère, l'infinie profusion créatrice de l'univers et ses formes nouvelles, dans cette compétition du phénomène ou du corps céleste qui nous surprendra le plus, dans cette course à l'étrangeté, à force d'exotisme, c'est l'absence d'étrangeté qui devient le plus étrange. Rien ne laissait présager cet astre-là, à cet endroit-là. Un corps céleste si semblable sur les clichés en noir et blanc, par ses paysages, à notre Terre. Alors que partout ailleurs dans le Système solaire, tout est si différent. On avait fini par s'habituer à cette différence systématique et la guetter. On avait renoncé au rêve vieux comme l'humanité de trouver ailleurs, loin de chez nous, un terrain familier. Et c'est ce que nous a offert Titan, vingt ans après avoir entériné le programme Cassini, après avoir pris la décision d'aller y voir de plus près. Au lieu de l'inattendu – la beauté de l'inattendu –, quelque chose d'encore plus fort.

Titan est un monde actif, dynamique. Il y pleut, il y vente, les processus qui érodent sa surface sont proches de ceux qui ont modelé la Terre. Sous nos yeux, le panorama du site d'atterrissage ressemble à une vieille carte postale aux couleurs sépia. La sonde s'est posée dans le lit asséché d'une rivière. D'après nos mesures, le fond sableux reste humide. Le lit est parsemé de galets polis par le courant. On sait que Saturne et ses satellites sont situés au-delà de la zone d'habitabilité. Que nous prédisent les lois de la chimie, à cette distance-là du Soleil ? Que l'eau ne peut pas exister, en surface, à l'état liquide. Pourtant les instruments embarqués par Huygens ont apporté la preuve de précipitations récentes. Une activité repérable sur les clichés pris en altitude. On identifie distinctement des chenaux de drainage qui entaillent le relief. Ici, une ligne de rivage. À l'intérieur du massif, un réseau de vallées creusé par des rivières et leurs affluents. Deux heures après avoir touché la surface, la sonde Huygens a cessé d'émettre, mais dans les mois qui ont suivi, l'orbiteur Cassini a prolongé ses observations. Son spectromètre à infrarouge, seul capable de percer l'atmosphère opaque, a détecté des lacs et des mers – mais pas d'océan.

La zone d'habitabilité. Celle-là même qui envahit les discours politiques depuis des décennies. La zone d'habitabilité est une notion empruntée aux astrophysiciens. Ni trop près ni trop loin, voilà la bonne formule. Ni trop près de son soleil, ni trop éloignée de lui, située à la juste distance, voilà le secret d'une planète habitable. Qu'elle autorise, cette distance, l'eau dans ses trois états. Soit pour nous, une seule unité astronomique, distance de la Terre au Soleil. En pression et en température, des conditions compatibles avec la chimie du vivant. Disons, le vivant tel que nous le connaissons. Plus proches du Soleil que nous le sommes, Mercure a grillé, Vénus est une fournaise, il n'en a pas toujours été ainsi. Il faut imaginer notre Soleil jeune. Dans son enfance, dans son adolescence, une fois sa chaudière allumée, lentement, il monte en puissance. Plus ardent de nos jours, parvenu à l'âge adulte, au mitan de sa vie, qu'il ne l'était hier. Et moins ardent qu'il ne le sera demain. Puisqu'il ne fait que ça depuis sa naissance, se consumer avec plus de vigueur et tendre vers sa fin. Et on sait que cette fin sera éblouissante, magistrale, transformé en géante rouge, comme on l'observe ailleurs dans notre Galaxie. Quand le Soleil deviendra obèse, orgiaque, Mercure sera absorbée, Vénus aussi, digérées. Mais avant ça, bien avant. Dix fois moins de temps, comparé à son échéance à lui, c'est le temps qu'il nous reste. Cinq cents millions d'années. Avant que la Terre, quelles que soient les formes de vie qui auront survécu, ne devienne inhabitable. Sans attendre que le Soleil enfle et gonfle démesurément, notre planète sera partout ce qu'elle est déjà par endroits, un désert brûlant, sans une goutte d'eau en surface, là où il ne pleut jamais, ou s'il devait pleuvoir, en touchant le sol, chaque goutte serait vaporisée instantanément. Toutes les forêts auront disparu, même si beaucoup de nos jours sont parties en cendres, il reste encore des forêts à brûler, il n'en restera plus. Le vivant abandonnera les terres émergées et retournera d'où il vient. À rebours de l'évolution, au fond des océans, avant qu'ils ne s'évaporent, il empruntera en sens inverse, le chemin qui part des microbes pour arriver jusqu'à nous.

Se loger dans la zone d'habitabilité n'est pas acquis. Au fur et à mesure que le Soleil vieillit et se réchauffe, elle se déplace. Elle recule, s'éloigne de lui, lentement, pas à pas, mais sûrement. Aussi sûrement que la Terre, elle, reste sur son orbite. Jusqu'au feu d'artifice, jusqu'au bouquet final. On ne sera plus là. Ni nous ni aucune espèce. Disparus depuis bien longtemps. L'histoire du vivant est d'abord celle des formes simples, d'organismes unicellulaires, jusqu'à l'apparition au Cambrien de la vie pluricellulaire, récente, disons relativement récente à l'échelle de l'histoire de la Terre, et qui jette les bases de ce qui suit, d'une extraordinaire diversité. D'abord des micro-organismes prolifèrent, ça dure trois milliards d'années, plus ou moins robustes, plus ou moins aboutis, et puis brutalement, à l'ère cambrienne, sans qu'on comprenne pourquoi, l'explosion, le jaillissement, une profusion de plantes et d'animaux émergent en un temps record. Mais le phénomène est réversible, il suffit que les conditions se dégradent, moins de variété, moins de complexité, jusqu'au retour aux formes frustes, celles des conditions extrêmes, et puis plus rien, et cela bien avant que notre planète ne disparaisse. Si on n'y prend pas garde, la vie complexe telle qu'elle est apparue sur Terre, on dirait d'un coup de baguette magique, à l'abri dans la tiédeur des océans, la Vie avec un grand V n'aura été qu'une parenthèse. On peut s'y résigner. Anticiper le spectacle, tandis que le Soleil avance en âge. Cinq cents millions d'années. Le temps qui nous sépare du Cambrien. Non plus derrière nous, mais devant nous. Quelque part à mi-parcours. Entre l'apparition des premières méduses et le moment où les océans commenceront à s'évaporer. Si refuge il y a, si cet endroit existe, il faudra l'avoir trouvé.

Depuis longtemps, nos télescopes scrutent le ciel à la recherche de petites planètes rocheuses d'une taille comparable à la nôtre, orbitant dans la zone d'habitabilité de leur étoile. Par intérêt scientifique mais pas seulement. À court terme, l'objectif est celui-là. Mais si on se place à plus long terme, la perspective change. Nos télescopes sont des têtes chercheuses dont on se transmet d'une génération à l'autre les découvertes. Ni trop loin ni trop près. Puisque trop près de son étoile l'eau s'évapore, que trop loin elle reste gelée, c'est un réglage fin. La bonne température à la bonne pression, disons situées dans un intervalle étroit, là où l'univers partout ailleurs adore les extrêmes. Des corps célestes capables d'héberger la vie, mais pas n'importe laquelle, qui pourraient abriter la nôtre, en cas de nécessité, si l'urgence était là, même si quelques aménagements étaient nécessaires, pourquoi pas ? Chaque année la liste s'allonge des planètes candidates, orbitant à l'extérieur de notre

Système solaire, à des dizaines d'années-lumière, absolument inaccessibles et pour longtemps. Depuis des décennies, on cherche un plan B, une planète de rechange. Ou à défaut, une zone de repli, une terre d'asile. Puisqu'on sait bien qu'à terme, il faudra pouvoir partir, s'en séparer. Que la catastrophe soit naturelle ou non, qu'on y soit pour quelque chose ou qu'on n'y soit pour rien, si on veut sauver notre espèce de l'extinction, il faudra se séparer de la Terre et essaimer ailleurs.

Envisager l'au-delà de notre planète, nous les chercheurs, les ingénieurs, les astronautes, nous sommes aux premières loges, en passeurs, en éclaireurs. Tous animés des meilleures intentions. Pourtant à l'arrière-plan, dans les interstices de nos métiers, dans ce qui nous met en branle et nous émeut, on devine des conceptions différentes. Certaines auraient pu se frayer un chemin, influencer la trajectoire, dans le prolongement d'une fascination ancienne et de plusieurs millénaires d'observation. Mais une seule vision s'est imposée. Portée, soutenue par ceux dont nous sommes aujourd'hui les héritiers. Avant de devenir une réalité, la conquête spatiale a existé par le langage. C'est d'abord une histoire qu'on nous raconte, un discours que l'on entend. Il y a cent vingt ans, sous le soleil de Houston, une parole monte au milieu du stade, en plein midi, elle s'adresse à ceux qui sont présents ce jour-là dans les tribunes, mais pas seulement. *We choose to go to the Moon*. Nous choisissons d'aller sur la Lune avant la fin de la décennie, non pas parce que c'est facile mais parce que c'est difficile. Kennedy debout derrière son pupitre en appelle aux valeurs de l'Amérique, aux mythes fondateurs de la nation, à sa mission civilisatrice. Sa parole est parvenue jusqu'à nous, et même si on connaît la suite, elle nous surprend chaque fois comme une première fois. La construction d'un avenir commun dans l'espace démarre toujours comme ça, par le discours que l'on tient, le récit qu'on en fait. C'est une fiction à laquelle on croit d'abord. Et ce qu'elle nous décrit, le fait que les scientifiques y adhèrent, la porte dans le réel. Et bientôt il est trop tard pour changer de cap, ou modifier la trajectoire, et inventer à l'histoire une autre fin.

Tout ce qui est grand par l'ambition, grand dans sa réalisation, échappe aux contingences, postule dès le départ qu'elles n'en sont pas, ou alors plus pour longtemps. Sinon comment viser la Lune ? Comment la viser et l'atteindre en huit années seulement, sur la décision d'un seul homme, fût-il président ? Et avec des technologies balbutiantes dans des domaines clefs, à l'exception de la propulsion. Tout est affaire de propulsion, pour qui veut conquérir l'espace. Petits et grands, tous espaces confondus. Intercontinentaux, interplanétaires, interstellaires. Avant d'envisager de traverser les mers, l'humanité est assignée à sa place, cantonnée au territoire qu'elle occupe. Des millénaires à l'arpenter. Puis la question se pose d'en sortir. Alors on s'embarque. Parfois le courant suffit. Porté par l'esprit de conquête, ou simplement par le besoin de migration, une fois exploré à pied ce qui pouvait l'être, pas d'autre choix que d'affronter l'océan. À la force des bras ou par la force du vent. Tourner le dos à la côte et la voir s'éloigner. Rien de grand ne s'est fait sans accepter de perdre de vue la terre. Des hommes ont eu ce courage. Ceux qui ont accosté ici, les premiers à avoir atteint l'Australie, venus du nord, il y a soixante mille ans, les tout premiers à avoir osé le faire, ramer ou faire voile vers le sud, jusqu'à ce que le trait de côte s'estompe derrière eux et toujours rien devant. Avec le matériel dont ils disposaient et la connaissance qu'ils avaient du ciel, du courage, il leur en a fallu. Poussés par quel besoin, par quelle croyance ? Sous quelle impulsion ? Une urgence vitale ou l'attrait de la découverte ? On ne sait pas. Mais ils l'ont fait. Ils ont vu s'éloigner derrière eux la terre ferme sans garantie d'en trouver une, et qu'elle soit accueillante. Capables ou non de s'en retourner, probablement que non. Abandonnés comme personne avant eux, le temps qu'a duré leur traversée, isolés au milieu de l'immensité, avec pour seuls repères les astres au-dessus de la tête. Isolés mais confiants, puisqu'ils pouvaient s'en remettre à leurs dieux, aux récits qui les guidaient et balisaient leur route. L'appel du grand large. Ce qu'il y a de plus proche du besoin irrépressible qu'a eu l'être humain, soixante mille ans plus tard, de s'aventurer dans l'espace.

Des missions automatisées au premier vol habité dépassant le système Terre-Lune, rien de grand ne s'est fait sans perdre de vue la Terre. Avec la technologie dont on dispose, nous les *Homo sapiens* du XXIe siècle, l'espace ne nous est pas plus hostile que ne l'était l'océan Indien quand les premiers Australiens sont arrivés ici. Quand ils ont débarqué et foulé cette terre. Encore vierge, vierge de toute présence humaine, et bien plus verte, plus hospitalière qu'elle ne l'est aujourd'hui. La vie sur Terre a fait la moitié du chemin et déjà six extinctions massives. La sixième, en rapidité, a battu tous les records. Mais nous avons fait face. Nous avons su faire face et sauver l'essentiel. Des milliers de sites existent, sous une forme ou une autre, à travers le monde, de conservation des espèces. Un patrimoine vivant ou archivé. Une faune, une flore, des écosystèmes actifs, des isolats dynamiques. Ou bien cryogénisés. Quantité d'espèces menacées ou déjà éteintes, à l'état de graines ou de gamètes, conservées dans des cuves d'azote liquide. Et sur nos serveurs, leur ADN numérisé. Il nous faut désormais franchir l'étape suivante. Archiver nos archives. Embarquer une cargaison de cuves, exporter le génome du plus grand nombre possible d'espèces. Les rendre inaccessibles, les éloigner de la Terre, agir tant qu'il est encore temps. Préserver la mémoire des génomes, y compris le nôtre, ça se joue aujourd'hui, dans notre capacité à mettre hors de portée de destruction ce qui peut l'être. Puisqu'on dispose de la technologie nécessaire, pour la première fois dans l'histoire de l'humanité, et sans garantie de pouvoir encore le faire demain. Un créneau, une fenêtre plus ou moins étroite, voilà ce qui s'ouvre devant nous. Quelques décennies peut-être. Une fenêtre de tir, et c'est à nous de nous en saisir.

Journal de mission

12 janvier 2097

Tracy, jour 27

L'*Olympic* vient de quitter la zone habitable. On accepte de s'éloigner d'une planète accueillante pour aller au-devant d'une autre qui l'est beaucoup moins, mais qu'on finira par connaître et aimer. On s'y est préparés. On est prêts à lui trouver du charme, moitié moins grande que la Terre, a priori sans rien de vivant en surface. Sauf à réviser nos hypothèses et Helen est là pour ça. En dehors des missions robotisées, rien n'a été entrepris. À ce jour et jusqu'à preuve du contraire, au vu des données collectées à distance, tout le vivant que l'on pourra trouver là-bas, on l'emporte avec nous. Délibérément ou non. Pour ce qui est des virus et des bactéries, en passagers clandestins. Malgré toutes les mesures prises, c'est inévitable. Le reste, le vivant encore actif ou congelé en soute, sous le couvercle des cinquante-trois cuves de la cargaison, l'équipage peut en dresser la liste, au moins dans les grandes lignes. *Milena* aussi peut le faire, énumérer le contenu des cuves, et contrairement à nous, sans risque d'erreur et de manière exhaustive.

Au 27e jour de mission, l'horloge calée sur le méridien de Greenwich, il est huit heures cinquante. Chaque membre de l'équipage réserve une plage horaire. Deux plannings individuels peuvent se chevaucher. Trois heures d'exercices physiques sont prévues quotidiennement, en centrifugeuse ou en salle. *Milena* enregistre, contrôle, conseille et encourage. Aiko court à mes côtés, pieds nus sur le tapis, tandis qu'autour de nous défilent les plages de son enfance à Hokkaido. On a parcouru dix kilomètres en une heure. À l'intérieur d'un vaisseau lancé à cinquante-cinq kilomètres par seconde. Il se déplacera deux fois plus vite quand il aura atteint sa vitesse de croisière. C'est beaucoup et peu à la fois. L'étoile la plus proche dans notre Galaxie, Alpha du Centaure, est située à quatre années-lumière. Environ douze millénaires d'histoire de l'humanité à bord d'un vaisseau de la classe de l'*Olympic*. Douze mille ans pour un aller simple. Tout est affaire de propulsion, disait Lee Wang quand il débarquait dans le bureau d'études pour motiver les équipes. Diviser par deux, puis par cinq, la durée d'un voyage. Multiplier par dix la distance parcourue, à chaque saut technologique, pour un temps donné. La tête dans les étoiles, on a suivi l'avancée des travaux. On a suivi, pas à pas, l'assemblage des trois vaisseaux. Le *Titanic*, l'*Olympic* et le *Gigantic*, trois frères ou sœurs, selon l'interlocuteur et le genre du mot dans sa langue, trois sister-ships.

Aiko, jour 27

Nos corps flottants quand tout est simple, sans haut ni bas, ni droite ni gauche. Nos corps détachés livrés aux limites de l'habitacle, comme ces ballons gonflés à l'hélium vendus aux enfants qui leur échappent et s'élèvent et finissent leur course bloqués sous le plafond. On se frôle, on se croise, on s'évite, parfois on se percute, on s'entrave mutuellement sans le vouloir, on se tient par les épaules le temps d'une vrille, deux vrilles, celui qui lâche laisse son partenaire s'éloigner, repoussé jusqu'au premier obstacle, selon une trajectoire parfaitement prévisible dictée par l'impulsion de départ, celle qui imprimée à un corps immobile décide de tout, et dans le vide spatial se prolonge indéfiniment, en l'absence de frottement, on flotte sans fin dans une direction donnée, avant et après la mort, sans ralentir. Le vaisseau, lui, accélère. On s'accroche, on s'arrime. On joue en l'absence de pesanteur à s'élever sans avoir à gravir chaque échelon entre deux modules. Sous la tension des sangles, pour libérer les mains, sous la pression des mains qui empoignent les avant-bras, et la résistance derrière nous, dans le dos, de la paroi capitonnée. On se sent bien, affranchis des contraintes terrestres. Nos corps allégés, sans soutien extérieur pour les sustenter, après tant de fois l'exercice en piscine, dont il faut réinventer les limites, et dans l'intervalle accepter de ne plus en avoir, on s'habitue. On a calculé qu'à vouloir nager dans un des lacs de Titan, sauf à multiplier artificiellement par cinq notre volume, on coulerait. Le corps réintègre ses frontières quand il a mal, c'est peut-être la raison pour laquelle on se cogne autant, notre corps se rappelle à nous dans ces moments-là, dans la douleur et dans l'effort, il n'abandonne pas. Je me cogne, je me blesse, quelque part en moi quelque chose résiste, le temps d'acquérir de nouveaux réflexes, de m'adapter à une vie sans gravité. Un jour on saura faire, au fil des manipulations génétiques, pour les os, pour les muscles, le débit et la formule sanguine, on saura se renouveler, s'augmenter, faire de nous d'authentiques êtres extraterrestres, on n'en est pas encore là.

On perd de vue la Terre, me dit Tracy. Il est encore possible de l'identifier à l'œil nu, mais plus pour longtemps. On n'en parle plus, on le faisait au début, chaque matin au réveil, on vérifiait à travers le hublot comme on relève un amer, on commentait la distance parcourue et ses conséquences. D'abord sur des détails, quelques détails aussi longtemps qu'on a pu s'y raccrocher, comme on l'aurait fait à partir d'une base lunaire, on a joué à ce jeu-là, qu'aiment bien les astronautes, de repérer et de nommer. Là où la couverture nuageuse est absente, ou a bougé, ou bien son voile est suffisamment léger, repérer les océans, les ensembles géomorphologiques dans leur grande masse, hémisphère nord, hémisphère sud, le Sahara, l'Arabie et l'Australie, toujours à découvert et de la même teinte. Tant qu'on a pu le faire, la contempler vivante à l'œil nu et interpréter ses changements, on ne l'a pas lâchée, on ne l'a pas quittée, on n'a pas voulu céder, couper le cordon et lâcher prise. On la voyait juste d'un peu plus loin et d'autant plus belle, on savait bien qu'il allait falloir s'en séparer, qu'un matin elle ne serait plus qu'un point brillant dans l'immensité noire, mais le temps n'était pas encore venu, et j'étais d'humeur joyeuse au petit déjeuner. Tandis que Viktor la voyait déjà telle qu'elle est, perdue et fragile, il la voit ainsi depuis longtemps sans s'émouvoir, ayant pris de l'avance sur nous, par l'expérience de ses missions précédentes ou configuré autrement, on ne le sait pas avant, comment on réagira, aucun test prédictif ne nous l'a jamais décrit, lequel parmi les membres de l'équipage, pourtant tous triés sur le volet, le vivra bien ou mal. Moins bien, si statistiquement il en faut un, on ne le sait pas avant d'y être confronté. Quand les détails disparaissent, que les contrastes en l'absence de grossissement se fondent en une seule couleur, à cause de cette couleur qui est sa signature parmi les corps célestes, qui lui est propre comme une odeur, on a persévéré, on a continué à mesurer chaque matin son diamètre à vue d'œil, le rétrécissement du diamètre, jusqu'à ce que le bleu s'estompe, qu'elle gagne en éclat ce qu'elle avait perdu en couleur, bientôt réduite à une tache lumineuse, c'est là qu'on a cessé nos commentaires, qu'on a arrêté d'en parler, à partir de là, la situation étant entérinée, chacun s'est débrouillé comme il pouvait avec l'événement.

New Space

Je voudrais remercier les organisateurs qui ont choisi Darwin comme ville d'accueil et m'ont invité à clore l'édition 2082 du congrès, poursuivit Lee Wang. Six mois après ma prise de fonction, l'occasion m'est donnée de rendre hommage à celles et ceux qui m'ont précédé à la tête de l'ISA. D'évoquer aussi les enjeux du programme de sauvegarde qu'ils ont initié. La responsabilité m'incombe aujourd'hui de le faire aboutir, cette tâche me revient et j'en ferai la priorité de mon mandat.

Le Congrès international d'astronautique est le principal événement de notre communauté à l'échelle mondiale. Scientifiques, astronautes et industriels s'y retrouvent chaque année. Son histoire est ponctuée d'annonces spectaculaires, de discours prophétiques, des interventions qui, avec le recul, sont autant de moments décisifs sur le chemin de la conquête spatiale. Parmi ces moments, l'engagement pris par une poignée d'États, trop petits pour atteindre la masse critique, de mutualiser leurs moyens au sein d'une agence qui serait à la fois un lieu de coopération, un outil de régulation et une instance de règlement des litiges. C'est la naissance de l'International Space Agency, en septembre 2053, au congrès de Darmstadt. Dans un contexte d'exploitation de l'espace et en réponse à des tensions croissantes autour des ressources accessibles. Il faut élargir les champs d'exploration, arbitrer les conflits avant qu'ils ne dégénèrent, desserrer l'étau partout où l'étau se resserre, tel était le credo de cette grande figure de l'astronautique que fut Lewis Farrell, un ardent promoteur de l'ISA, et avant ça, un des pères du programme spatial australien. Il est le premier à avoir importé le New Space dans son pays. À avoir milité pour que l'Australie se dote d'une politique spatiale ambitieuse, sans attendre que les réserves minières de son sous-sol soient totalement épuisées. On est sur le podium, disait Lewis Farrell, mais ça ne durera pas. Il a su se projeter dans le futur, comprendre que le combat pour l'acquisition des matières premières allait se déplacer. Il parlait, il disait : libérer l'humanité de la finitude de la Terre. Et bientôt la Lune de sa dépendance à la Terre. Né à Perth en 1997, des modèles capables de l'inspirer, à défaut de pouvoir les trouver dans son pays, il a dû aller les chercher de l'autre côté de l'océan Pacifique, sur les terres de la Californie, du Texas ou du Nouveau-Mexique, là où une nouvelle révolution industrielle se préparait.

Au début du siècle, des hommes se sont levés, une génération d'entrepreneurs milliardaires citant le physicien russe Tsiolkovski : *La Terre est le berceau de l'humanité, mais on ne grandit pas dans un berceau.* Nous sommes les héritiers du New Space, une idéologie née dans la tête d'investisseurs privés pour qui l'espace est un environnement aux ressources inépuisables, capable d'offrir, à ceux qui relèveront le défi, une croissance exponentielle, sur un terrain de jeu illimité. Ils étaient une poignée de milliardaires à s'autoriser et tenir leur position, chacun dans son couloir de course, à proclamer haut et fort le futur qu'on nous réserve, en lieu et place des grandes idéologies du siècle précédent, à s'ériger en Grand Architecte, en Grand Argentier d'un avenir meilleur. Une poignée d'hommes auxquels les milliards gagnés ne suffisaient pas, ça ne leur suffisait plus, ils voulaient pouvoir jouer, en grand, un changement, un saut d'échelle. Avec à la clef, rien de moins que la promesse d'une révolution. C'est ce qu'ils nous offraient, la perspective d'un bond civilisationnel sans précédent.

Vous reconnaissez ce visage, son parcours a marqué l'histoire de la conquête spatiale. Un jour cet homme s'est levé, invité à clore comme je le fais ce soir le Congrès international d'astronautique. C'était à Guadalajara, au Mexique, pour la 67e édition. Des gens avaient dormi dehors, jeunes pour la plupart, venus d'un peu partout, et au matin ce fut la ruée. Sa vision du futur, il l'a exposée ce jour-là. En businessman, en prophète, en ingénieur, en gourou, il était tout ça à la fois, et peut-être davantage. Jusqu'où, à quel point? Aujourd'hui on a la réponse, à l'époque on ne l'avait pas. Pour certains un demi-fou, pour d'autres un demi-dieu, adulé comme tel. L'un n'exclut pas l'autre. Une chose est sûre, il a su s'adresser aux jeunes générations mieux que n'importe lequel de ses concurrents. Sa parole était programmatique, performative, car ce qu'il promettait, il le faisait. Il disait ce qu'il allait faire et faisait ce qu'il avait dit. Il en avait les moyens. Des moyens considérables à sa disposition à un âge précoce, dès ses débuts d'entrepreneur, et une obsession. Contre le sens commun et à rebours des idées reçues. Un de ces milliardaires qui, une fois leur fortune établie, sans plus rien d'excitant de ce côté-là, se mettaient en tête de changer le monde. Ses succès rendaient la méthode crédible. Cette méthode qui est de tordre le bras au réel. Investi d'une mission, un projet messianique aux yeux de certains, l'histoire ne dit pas si des voix ont murmuré à son oreille. En tout cas dès l'enfance, dès l'adolescence, dans les fictions qu'il lit ou qu'il regarde, qui nourrissent son imaginaire, d'autres avant lui en ont rêvé. Mais être le premier à le faire, c'est son rêve à lui. Un rêve qui déplace les foules.

Lewis Farrell avait dix-neuf ans. Comme tant d'autres, il a fait le voyage. Ils étaient nombreux à vouloir assister à la conférence, à avoir dormi sur place, dans l'enceinte du parc des expositions, pour être sûrs, le lendemain, d'être aux premières loges. À l'ouverture des portes, la cohue était telle que le hall a dû être évacué. Ceux qui étaient inscrits au congrès ont eu le droit d'accéder à la salle, les autres non. À la dernière minute, les contrôles ont été assouplis et certains ont pu se faufiler. Les plus enthousiastes aux premiers rangs, Lewis Farrell y était, et des camarades qui l'accompagnaient. C'était à la fin du mois de septembre. Il avait quitté Perth quelques semaines plus tôt pour rejoindre l'UCLA, l'Université de Californie à Los Angeles. Sur le campus aux dimensions d'une ville, le hasard des rencontres ne suffit pas. Il a fallu l'adhésion à la Société d'astronomie. Le voyage en bus organisé au départ de Los Angeles, ils l'ont fait ensemble. Lui et d'autres étudiants passionnés d'exploration et de conquête spatiale, en quête d'un grand récit et d'une vision à partager.

Une représentation désirable de leur futur, elle leur a été offerte ce jour-là. Et devant la conscience de ce que le moment avait d'historique, la magie a opéré. Pourtant l'homme debout sur la scène n'était pas un tribun. Il y avait, parmi les promoteurs de ce courant qu'on a appelé le New Space, de bien meilleurs orateurs. Alors pourquoi lui davantage qu'un autre ? Que n'importe quel milliardaire parmi ses contemporains ? Probablement parce qu'il s'adressait à leur imaginaire. Reprenez les enregistrements. Ceux qui l'ont aimé à ses débuts, l'ont aimé pour ça. Il leur parlait d'un avenir possible, il décrivait le monde qu'il voulait façonner, en entrepreneur, celui qui agit et ne se contente pas de beaux discours. Il est un de ceux qui ont accéléré l'agenda spatial, fait souffler un vent de renouveau, là où la conquête était entrée en somnolence. Un de ceux qui ont introduit une rapidité d'innovation, un degré d'urgence, de prise de risque, qui étaient inédits dans cette industrie du spatial devenue conservatrice et prudente après les succès d'Apollo. Et c'est la raison pour laquelle il a eu autant d'adeptes, autant de disciples dans ces années-là, quand il n'en était qu'au prologue, au début de son entreprise.

Le voilà, micro à la main, costume noir et chemise blanche. Le 27 septembre 2016, un homme a pris la parole à Guadalajara, il avait un rêve, un projet ambitieux comme personne avant lui. Il l'a exprimé assez sobrement, avec le sérieux d'un PDG devant l'assemblée de ses actionnaires, nous constituer en espèce multiplanétaire, une police d'assurance, on peut le voir ainsi, une assurance prise sur les risques à venir, en ces temps incertains où toutes les catastrophes, de la plus évidente à la moins prévisible, semblaient possibles. Avec sérieux donc, avec rigueur, en bon stratège, habile à anticiper, à désamorcer les critiques de ses détracteurs, forcément il y en avait peu dans la salle. L'assemblée lui était acquise, elle l'était avant qu'il entre en scène, acquise à sa cause, sortir de notre berceau, déployer nos ailes et quitter le nid, acquise à sa méthode. Voici ce qu'il a dit, il a commencé comme ça : « L'histoire nous propose deux directions. Rester sur Terre et assister à notre propre extinction. L'alternative, c'est bien sûr de devenir une espèce capable d'aller sur différentes planètes, et c'est ce que nous voulons. » Il s'est tourné de profil, il y a eu un début d'applaudissements, quelques cris, la carte de notre Système solaire s'est affichée et il a conclu ainsi son introduction : « Nous voulons rejoindre la quatrième planète, à droite en partant du Soleil. »

Mars était son objectif, il misait tout sur Mars. Un million de Martiens d'ici la fin du siècle. Coloniser la Planète Rouge était son grand récit. Pour nous sauver. Sauver l'espèce. Reprenant la formule de Tsiolkovski. Et que l'homme n'a pas vocation à rester indéfiniment rivé à la Terre mère. Parce que l'homme est ainsi fait. Pour toutes ces raisons que sont la curiosité, l'esprit de conquête ou le besoin de dépassement, l'afflux d'adrénaline d'être parvenu à repousser les limites qui en appellent d'autres, de nouvelles limites à transgresser, ou par goût de l'exploit. Pour quantité de raisons et d'autres encore. Plus une. Sauver l'espèce humaine de sa disparition. Et pour cela, quitter la Terre, essaimer, disséminer nos gènes. Parce qu'un homme s'est projeté au-delà de notre proche banlieue, incapable de se soumettre au réel, de se plier aux contingences, au lieu de calibrer ses ambitions, son parti pris, façonner le réel pour qu'il s'adapte à elles. Et c'est le début d'un changement de paradigme sans précédent. Ce qu'ils nous ont légué, lui et d'autres qui ont relayé ce discours ? Ils ont su exprimer l'angoisse de toute une espèce et la transposer géographiquement, en déplacer l'épicentre, se décentrer d'une Terre en possible perdition, pour pouvoir investir de nouveaux territoires, comme on l'a toujours fait, nous les humains. Chaque fois, à chaque crise, on a su plier bagage et aller voir ailleurs. Déplacer la frontière, étendre la zone habitable au-delà de l'espace connu. Mais quand tout est conquis sur Terre, chaque parcelle, pas d'autre choix que de s'extraire, de s'émanciper des limites de la planète. Ce qu'ils ont su faire avant tout le monde, se transporter ailleurs, de plus en plus loin, nous ouvrir la voie, à nous les générations suivantes, et même davantage : explorer, baliser, défricher le terrain. En pensée, en paroles, mais pas seulement.

Perdue sur son îlot, l'humanité, et condamnée à ne pas en sortir, sauf à se retrousser les manches, voilà l'humain, et voilà l'homme, à l'allure et à l'accent plutôt modestes ce jour-là, devant son auditoire, posé et rigoureux, qui décrit et explique, le défi gigantesque qui sera le nôtre. Le pari a été en partie gagné. Mais en partie seulement. Il avait cette planète en ligne de mire. Mars était son obsession. Il nous promettait Mars comme on nous avait promis la Lune. À une différence près, s'agissant de la Lune, on a eu des attentes raisonnables. En prenant du recul, ce qu'elle était capable de nous donner, ni plus ni moins. Avec Mars et toute la mythologie qui l'entoure, la Planète Rouge visible à l'œil nu depuis que l'homme est homme, c'est différent. On a mis la barre plus haut. Pour satisfaire notre besoin d'aventure, nos espoirs d'expansion, il suffisait d'aller là-bas. On l'a fait. On connaît désormais le prix à payer. Une fois sur place, il faut se rendre à l'évidence. Ce n'est pas tout à fait un astre mort, mais son cœur s'est refroidi. Il battait, et le magma jaillissait, et des cratères s'ouvraient. Mars a l'âge de la Terre mais d'une constitution moins vigoureuse, plus petite à la naissance et le cœur plus fragile, son temps était compté. De ce temps où l'eau coulait en abondance à sa surface, il reste des traces au sol visibles de l'espace, des chenaux, des canyons. On savait, pour l'eau. Bien avant d'y poser les pieds, on savait qu'il y en avait eu. Puis tout s'est déréglé, sa dynamo s'est enrayée, son champ magnétique s'est éteint. L'eau liquide s'est évaporée, et l'atmosphère est aujourd'hui si ténue, qu'elle ne protège personne et ne retient plus rien. Deux planètes cousines. De la même adolescence excessive, éruptive, l'une en a fait quelque chose et l'autre rien. Un désert où les millions d'années se succèdent sans conséquence, à l'exception de quelques cratères d'impact supplémentaires, voilà Mars dans sa raideur. Fossilisée, statufiée sous son régolithe. À perte de vue les ruines de ce qu'elle aurait pu être, petite planète tellurique stoppée dans son envol, au pouls trop lent, au cœur trop froid. Dépouillée de sa magnétosphère, privée de son atmosphère, nue à présent, sans enveloppe, sans protection, soumise aux vents mauvais, ceux venus de l'espace qui l'irradient.

Le destin de Mars démontre qu'il ne suffit pas d'être à la bonne distance du Soleil, ni même d'avoir été une terre habitable, pour le rester. La vie martienne a eu sa chance. Quand elle se présente, dès que les paramètres sont réunis, la vie saisit sa chance.

Et ça commence toujours de la même façon, au bas de l'échelle. Des formes simples apparentées aux micro-organismes qui peuplaient la Terre primitive. La vie martienne s'est éteinte car l'atmosphère a fini par s'échapper. Même irrespirable, même dépourvue d'oxygène, il nous en faut une, une atmosphère suffisamment dense. Mille hectopascals, la pression atmosphérique dont notre corps a besoin. Mille hectopascals sur Terre, dix hectopascals sur Mars. Dans ces conditions-là, l'eau bout avant d'atteindre 37 °C. On le savait avant. On savait qu'au moindre accident de pressurisation, nos poumons exploseraient, notre sang entrerait en ébullition, qu'il faudrait vivre sous terre pour ne pas être irradiés. Mars est belle, fascinante, mais Mars a perdu la bataille. À sa surface, nous progressons comme elle, vulnérables, exposés. Les pierres y sont tranchantes, coupantes, fendues par le gel et le dégel. Pas de pluie. De la poussière, oui. Et du vent. Le vent soulève la poussière rouge de son régolithe, abrasive, infernale, qui s'insinue partout, sous des températures extrêmes, entre le jour et la nuit, du très froid au très chaud, puisque plus rien ne l'enveloppe, si ce n'est un semblant, un résidu d'atmosphère qui est une vraie passoire dans un sens et dans l'autre, pourquoi avoir voulu nous installer là-bas ? Parce que avec les moyens technologiques dont on disposait, notre rêve n'allait pas plus loin. On s'est accrochés à ce rêve, que les progrès de la propulsion nous permettent aujourd'hui de projeter ailleurs. Mais rien de ce qui nous attend n'aurait été accessible sans l'épopée martienne. Les récits qui l'ont portée ont autorisé, ouvert la voie.

Alors non, la prophétie de Guadalajara ne s'est pas réalisée exactement en ces termes. Mars n'a pas été conquise. On a fait comme pour la Lune du programme Apollo. On s'y est posés et on en est revenus. Atterrir là-bas était déjà un exploit. On en connaît le prix. Pour immortaliser l'empreinte d'un pas humain dans le régolithe du sol martien. Le prix à payer. Y fonder une colonie n'est plus à l'ordre du jour. Pour autant, on ne doit pas sous-estimer ce moment. Il y a un avant et un après le 67e congrès. Ce jour où un homme a décrété que Mars serait la prochaine étape et où le reste du monde a suivi. Même si la Planète Rouge depuis n'a pas tenu ses promesses, l'essentiel s'est concrétisé, la volonté de s'arracher au système Terre-Lune. Un cap a été franchi. Paradoxalement pour mieux y revenir, les deux pieds sur la Lune. Elle et sa magnifique désolation qui vous saisit, ce cri du cœur de Buzz Aldrin. Avant de rebondir sur la Lune et s'y installer pour de bon, lui redonner sa place et le statut qu'elle mérite, probablement fallait-il en passer par là. Non pas la délaisser, mais lui substituer un autre grand récit. Parce que trop proche, dans notre jardin, pas assez aguicheuse. Tandis que les moins ambitieux labouraient le sol ou le sous-sol lunaire, Mars engloutissait des milliards. Certains diront, concrètement, factuellement, à proportion des défis et des risques encourus, pour pas grand-chose. Mais l'essentiel n'est pas là. L'essentiel est ailleurs. L'effort intense, les progrès accomplis, les retombées, plus rien ne sera comme avant. Sans les avancées technologiques de l'aventure martienne, l'exploitation de la Lune n'aurait pas décollé.

Pendant qu'une poignée de milliardaires, avec le soutien des agences américaine et chinoise, rivalisaient pour aller sur Mars, des pays de second rang dans le domaine du spatial, plus discrets, plus pragmatiques, investissaient pour rattraper leur retard. Leur ambition était de s'établir sur la Lune et d'y consolider leur position. Ou pour ceux qui n'en étaient pas encore là, de se donner les moyens de l'atteindre. Certains avaient un savoir-faire reconnu, d'autres n'avaient participé qu'à deux ou trois projets de coopération. L'Australie est un cas d'école. Partie de rien ou presque et capable, en moins d'une génération, de se hisser dans le top dix des puissances spatiales. Ce que Lewis Farrell appelait l'effort de guerre. De quelle guerre parlait-il ? De celle qui couvait sous la surface, à trois cent quatre-vingt mille kilomètres d'ici, distance de la Terre à la Lune. Le bouleversement qu'il a vu venir, je ne dirais pas avant tout le monde, car ce raisonnement d'autres le tenaient déjà, mais il est le premier à avoir porté cette vision-là dans son pays. Ce qu'il défendait, c'est le constat qu'une approche désintéressée, pacifique, scientifique de la Lune touchait à sa fin. Qu'une révolution se préparait. Qu'il était urgent que l'Australie se dote d'infrastructures indépendantes et trace son propre chemin. Son grand défi à elle, toutes proportions gardées, sa conquête martienne : fouler le sol lunaire. Afin d'être présente le moment venu. Quand les nations spatiales se partageraient le gâteau.

Progressivement les lignes ont bougé, les gouvernements successifs ont pris conscience des enjeux stratégiques. Mais les Australiens ne disposaient d'aucune culture astronautique sur laquelle s'appuyer. Avec un peu de volonté politique et des moyens qui étaient ceux du Canada par exemple, ils auraient pu s'être construit une expertise depuis longtemps, mais non. De quelle Australie parlons-nous ? De quelle culture et de quelle tradition ? Si on remonte soixante mille ans en arrière, ils l'ont fait. Ils ont su acquérir le savoir nécessaire pour arriver jusqu'ici. Des compétences en astronomie que probablement aucun peuple n'avait eues avant eux. Elles leur ont été utiles, non seulement pour traverser la mer, mais pour sillonner leur île-continent, rallier les sites sacrés et les lier entre eux, élaborer mentalement des routes et se les transmettre à chaque génération, en s'appuyant sur la seule carte qui soit à leur disposition et immuable. Les colons du XIXe siècle, eux, ne s'intéressaient pas au ciel. Leurs descendants non plus. Ils s'intéressaient à ce qu'ils avaient sous les pieds. En ce sens, Lewis Farrell fait figure d'exception. Alors que toute son histoire l'y ramenait, au sous-sol, à l'extraction. Ou précisément à cause du passé familial qui était le sien. De son ancêtre Farrell débarquant à Melbourne dans l'élan de la ruée vers l'or, jusqu'aux mines de fer et de manganèse d'Australie-Occidentale découvertes par son grand-père en 1950. Peut-être justement pour s'en affranchir, de ses origines, échapper au destin tout tracé qui l'attendait, de retour à Perth après ses études à l'UCLA. Lewis Farrell était à l'image de l'Australie, il aurait pu vivre de ses rentes. Pas forcément en oisif, mais se satisfaire d'une rente de situation. Il aurait pu reprendre les rênes d'une entreprise presque centenaire et la gérer en bon père de famille. Au lieu de quoi, il a décidé d'imprimer sa marque. Quelque chose à écrire par lui-même, on peut l'entendre. En aventurier, en explorateur. Pas seulement étendre aux médias l'empire minier du grand-père, ce que son père avait déjà fait dans les années 1990. Non, quelque chose de radicalement nouveau. Habité par ses visions, animé par sa passion, convaincu d'avoir une mission à accomplir. Sans renier son passé et l'histoire de sa famille, il se projetait vers l'avenir. Sans renier son histoire et celle de l'Australie, il la projetait vers l'avant. Le futur d'alors, nous y sommes. Il l'envisageait comment et quelle place pour son pays ? Tous ceux que l'aventure spatiale fascine et qui veulent en être n'ont pas le même rêve d'espace. On peut rêver de l'espace en astrophysicien, en planétologue ou en ingénieur comme moi. Ou bien en astronaute comme l'aurait souhaité Lewis Farrell, mais un destin différent l'attendait. Son destin s'est forgé dans les discours, dans les récits qu'il entendait. Il faut tendre l'oreille, s'intéresser aux fictions qui circulent, aux idéaux qui les habitent. Le XXIe siècle s'est ouvert sur une page blanche, un nouveau chapitre de l'aventure spatiale était à écrire. Rapidement une vision a pris le pas sur les autres, accueillie avec bienveillance par les acteurs du milieu. Et si des voix dissidentes ont cherché à se faire entendre, elles n'ont pas eu d'écho, écrasées par l'énormité des besoins de financement et la concentration des moyens. Chaque récit mobilisateur est le produit de son époque. Lewis Farrell avait vingt ans, il adhérait aux thèses du New Space. Comme le soulignent ses détracteurs, le modèle n'avait de neuf que le nom, mais une fois appliqué au spatial, il a rebattu les cartes en moins d'une décennie.

Journal de mission

17-18 janvier 2097

Helen, jour 32

Ici ce n'est pas le silence, quel que soit le compartiment ou le module de vie, le silence n'existe pas. Il existe à l'extérieur du vaisseau, un silence profond, potentiellement illimité, mais pas dans nos conditions de vie et de travail. Très tôt, il a fallu s'habituer. Dès les premiers jours à bord, l'équipage s'habitue à ça, au bruit permanent, continu, de l'air conditionné. Extrait, produit, consommé, recyclé. Le bruit des moteurs nous accompagne depuis le début de la phase d'accélération, mais bientôt on ne l'entendra plus. On le retrouvera plus tard, sur le dernier tronçon du voyage, quand *Milena* rallumera les moteurs et inversera la poussée pour entamer la phase d'approche.

Ce premier vol habité vers le Système solaire externe, on en a tous rêvé. On a été portés par un désir puissant, capable de supplanter tous les autres, de nous faire renoncer à d'autres désirs profondément humains, au bénéfice d'un seul qui ne l'est plus vraiment, qui a fait de nous des êtres extraterrestres durant les longues années de préparation, insensiblement, sans qu'on s'en rende compte, nos yeux rivés sur l'objectif. J'écoute le rythme cardiaque de mes camarades. Je connais intimement la courbe de leurs biorythmes. De nuit comme de jour, *Milena* les enregistre et je les consolide mentalement en un seul, un seul corps de l'équipage, et cette fonction qui est la mienne, de veiller sur lui. Parmi mes attributions, la plus exigeante est bien celle-là, prendre en charge un organisme complexe et fragile, ce qu'il y a de plus fragile des rives du lac Ontario jusqu'à celles de l'Ontario Lacus. Préserver sa santé et son intégrité, à ma manière qui n'est pas celle du chef de mission. À la place que j'occupe et selon ma responsabilité de médecin de bord, bornée par l'intérêt supérieur de la mission qu'en situation extrême, seule Tracy est habilitée à pouvoir estimer. En cas de divergence avec Tracy, mon avis est consultatif. En cas d'incapacité de sa part, Viktor reprendrait le commandement.

Ce premier vol habité au-delà de Jupiter, on en a tous rêvé, bien avant d'intégrer le corps des astronautes de l'ISA, quinze ou vingt ans avant. Dans toutes les langues, à voix haute ou dans le secret de nos chambres. À l'affût de tout ce qui pouvait nous instruire, stimuler l'imagination, bientôt nourrir la passion, plus ou moins exclusive selon les cas. Tracy ne pensait qu'à ça, Hari aussi, soutenus et confortés par leur famille. Viktor, non. Entre les murs de l'appartement désert, dans un Saint-Pétersbourg vidé des trois quarts de ses habitants, il expérimentait, bidouillait, livré à lui-même, sans conscience de sa précarité et du temps qui passe. Il vivait absorbé par la mise au point de systèmes autonomes plus ou moins ingénieux, plus ou moins fiables, mais qui chaque fois suscitaient l'adhésion du frère aîné, celui qui contrairement aux autres n'avait pas déserté, et ça a suffi. Tandis qu'au même âge, immergée dans ma communauté, je sortais dans le bush pour observer la Voie lactée. J'écoutais les récits qu'on m'en faisait, que les anciens en faisaient. Des années plus tard, admise à l'université, l'esprit libre mais les yeux rivés au sol, j'étudiais les vies minuscules, ces traces de vie des conditions extrêmes, ces organismes que l'on prélève aux portes du désert ou dans les lacs salés, qui sont autant d'analogues d'une vie extraterrestre possible, passée ou future, fossilisée ou pas. Toutes les vocations ont une histoire. Chaque membre de l'équipage peut raconter comment est née la sienne. Hari a grandi à Bangalore, dans des mondes virtuels qu'il arpentait, la tête dans les étoiles sans jamais lever les yeux. Tandis qu'Aiko étudiait la trajectoire des planètes, d'une saison à l'autre, au-dessus d'Hokkaido, et rêvait de s'en approcher. Elle se projetait dans l'après de sa jeunesse sur l'île et des hivers interminables, avec des projets plein la tête, mais n'en parlait pas. Coupée de la vraie vie, déconnectée du réel, dans la vision qu'en auraient eue ses proches. Pourtant il n'y avait rien de plus réel que ces milliers de femmes et d'hommes qu'on voyait s'envoler, s'élever, dépasser les limites de l'atmosphère, comme si tout ça était devenu une simple formalité. Alors qu'il n'en est rien, que s'arracher à la gravité ne sera jamais un geste anodin. On le savait, on avait déjà l'intuition de ce que ça recouvre, la séparation d'avec la Terre, même sans trop s'éloigner, vue d'une station lunaire ou d'un vaisseau en orbite. Et c'est en toute connaissance de cause qu'on était prêts à leur emboîter le pas, à celles et ceux qui osaient partir et s'aventurer loin de leurs bases. Toutes les vocations individuelles ont une histoire, qui s'inscrit dans une autre plus vaste, collective. Les pionniers du spatial étaient des militaires, pilotes de chasse ou pilotes d'essai. Leurs successeurs sont nés devant leur poste de télévision, chacun dans son fuseau horaire, ce jour du 21 juillet 1969 où leur enfance a basculé. Longtemps aucun symbole n'a pu égaler celui-là, aucun événement n'a été en mesure d'exercer une telle fascination. Puis d'autres programmes ont renouvelé l'exploit, de la colonisation de la Lune jusqu'au premier pas sur Mars, mille et un récits sont venus enrichir cette grande idée qu'être astronaute n'est pas un métier, qu'on ne fait pas carrière d'un tel destin. Ce premier vol habité au-delà de Jupiter, après avoir franchi l'étape de la sélection, aucun astronaute de l'ISA n'aurait pu y renoncer. À présent on consigne l'essentiel, on garde trace du rêve en train de s'accomplir, nous les trois femmes de l'équipage. Chacune intervient librement dans le journal de bord. Viktor et Hari s'en chargeront sur le vol de retour, libérés des tâches qui les absorbent à distance sur le chantier de la station Ontario.

Tracy s'interroge. Je l'observe depuis la fin de sa pause déjeuner, concentrée sur un panneau de vidéosurveillance. Elle connaît d'avance la réponse de l'IA et pourtant elle se lève, traverse la salle commune, remonte la coursive et gagne la salle de contrôle. C'est un lieu vivant, habité par la présence de *Milena*, la face émergée d'une tâche de fond, d'une activité neuronale au long cours. Étrangement calme en surface, on dirait parfois presque assoupie, le sommet apaisé d'une vie intense, puisque *Milena* ne dort jamais. Mais tous les lieux où se manifeste son activité cérébrale, les pupitres de commande, les écrans de contrôle, se réchauffent de sa présence.

Tracy, jour 33

Tout est automatisé à bord de l'*Olympic* et la vie humaine ne tient qu'à un fil. Aussi savamment entortillé et solide que le câble d'acier des sorties extra-véhiculaires qui nous relie. On n'a pas d'exemple que ça ait lâché. Chacun dépend des machines comme il dépendait de sa mère en gestation. L'immense corps du vaisseau qu'il faut entretenir, on y circule comme des plongeurs entre deux eaux. Nos organismes se sont adaptés, ils sont habiles. Ils l'étaient déjà avant d'embarquer. Sous l'œil des caméras, je me déplace en oubliant les caméras qui enregistrent. On n'a pas d'exemple qu'un équipage se soit rebellé. Pris individuellement peut-être, exceptionnellement, des passages à vide, mais ça ne dure pas. On a signé au bas du contrat. Chacun vit, travaille, en respectant au quotidien, le quotidien qui a été prévu pour nous. Sans oublier à qui nous sommes redevables et de quoi. Aux responsables du programme d'avoir été choisis. À *Milena* de nous garder vivants. L'*Olympic* est aménagé pour les vols habités. Qu'il le soit ou pas ne change rien à la bonne marche du vaisseau. Les jours défilent, on accélère. À la merci d'une panne, d'un accident, de tout ce dont la technologie nous a préservés jusqu'à aujourd'hui. On sait bien que notre présence n'est pas indispensable. D'ailleurs une mission entièrement robotisée avait ses partisans. Lee Wang, une fois nommé à la tête de l'agence, a tranché la question. Il l'a fait sur le critère principal du degré d'urgence et du temps qu'il nous reste. Notre présence est peut-être facultative ici, mais elle ne le sera pas là-bas. Être sur le terrain facilite les manœuvres, les sécurise, raccourcit les délais. Et la tâche est immense. Moins par sa complexité que par les enjeux, et notre responsabilité à proportion.

Il n'y a personne en salle des machines. Je peux m'asseoir derrière les consoles de pilotage mais je ne pilote rien. L'orbite de Mars est derrière nous. Trois jours nous séparent des premiers astéroïdes. J'observe l'unité centrale, de l'autre côté de la vitre, qui collecte et traite l'information, décide et agit. Tout est automatisé car la plupart des processus sont trop complexes ou rapides pour un cerveau comme le nôtre. Et pour le reste, ce qui est à notre portée, les ingénieurs se souviennent que la première cause d'accident, statistiquement, c'est nous, l'erreur humaine. On connaît les procédures d'urgence. Mais les situations réelles sont bien plus calmes et routinières que les exercices d'entraînement. L'IA s'occupe de tout, sans erreur et sans fatigue. On la décharge des tâches domestiques et de la maintenance ordinaire. Elles nous reviennent, elles occupent une partie de nos journées. Il le faut, il est indispensable de rythmer nos journées. À sept heures UTC, la lumière s'allume. Seize heures plus tard, extinction des feux. Dans l'intervalle, chacun respecte son programme scientifique, les tâches quotidiennes, les repas pris en commun. Notre existence est réglée comme une vie monastique, avec en lieu et place de l'exercice spirituel, l'entretien des corps. Stimulation sensorielle, centrifugeuse, musculation. On se relaie dans des espaces réservés, sur des plages horaires réservées. Les journées s'enchaînent sans temps mort, c'est l'essentiel, dans une forme de routine mais sans ennui.

Lewis Farrell

La passion que nous partageons, qui nous réunit ce soir, elle emprunte des voies différentes pour satisfaire notre désir, sans qu'on prenne le temps d'élucider ce désir, poursuivit Lee Wang. Si on savait d'où vient notre pulsion d'explorer l'espace, d'apprendre à le connaître, on saurait pourquoi on s'y engage, certains jusqu'à mettre leur vie en danger. Mais le savoir, éclaircir une vocation, ses origines, est-ce vraiment possible ? On choisit d'instinct une voie et l'engagement qui va de pair. Pour certains, ça traverse le corps, il faut en passer par là, et donc forcément s'exposer physiquement. Parfois la prise de risque, l'exploit personnel, sont un but en soi, c'est moins fréquent de nos jours qu'aux débuts de l'aventure spatiale mais ça existe. Lewis Farrell était l'un d'eux, un de ces hommes ou femmes qui ont eu besoin très tôt de relever des défis. Il acceptait cette hypothèse, de l'accident. Sous-entendu, à tout prendre il aurait préféré ça. Tout, sauf mourir dans son lit, d'une mort qui n'est jamais belle.

À dix-neuf ans, sa trajectoire surfe sur les vagues du Pacifique Sud. Un an plus tard, sur les vagues du Pacifique Nord. À son arrivée à l'Université de Los Angeles, Lewis Farrell était assez peu dépaysé. Ce qui l'attendait sur le campus, sa jeunesse à Perth l'y avait préparé. Contrairement à d'autres étudiants expatriés, il a pu continuer à vivre dans sa proximité avec le Pacifique comme il avait vécu avant. Avec ce mode de vie, il savait faire. Il avait le physique de l'emploi, une langue, des habitudes. À l'accent près, il ressemblait à un Californien de souche, amateur d'expériences et de sensations fortes, la condition physique et le mental qui vont avec. Sans savoir quelle disposition précède l'autre, des capacités ou de l'attrait pour les sports extrêmes. Plus tard, devenu un personnage public, on sait. On sait de quoi il était capable et l'élan vital qu'il déployait. D'une audace incroyable dans sa fréquentation au quotidien. Tellement d'énergie et d'idées à la minute qu'il vous stimulait ou vous épuisait, c'est au choix, on embarquait ou on le regardait filer, et vous pouviez être sûr qu'il ne se retournerait pas, qu'il ne jetterait jamais un coup d'œil en arrière. La réputation qu'il a acquise, la légende qu'il est devenu, se construit là, pas à pas. *Gradatim ferociter.* Il fixe son regard, il fixe du regard quelque chose, il désigne sa cible et ce sera à lui, la chose se réalise, ce qui devait être advient, lui qui ne doute de rien déjoue tous les pronostics. Forcément on l'attend au tournant, beaucoup attendaient le faux pas. Sa vocation est née à Guadalajara, au premier rang, au pied de la scène, excité, transporté, prêt à y grimper le moment venu, se saisir du micro et prendre la relève. Durant les quinze années qui ont suivi, sur le campus de l'UCLA puis dans les industries du spatial au Texas et en Floride, il n'a vécu que pour ça. Se former, étendre son réseau, jeter les bases de ce qui deviendra plus tard sa rampe de lancement : la promotion du New Space en Australie.

Pas à pas, férocement. La tête sur les épaules et le corps en action. Dès qu'il avait quelques jours devant lui, accompagné de deux ou trois camarades, il quittait le campus et s'enfonçait dans l'arrière-pays. Il faisait ce qu'il faisait déjà à Perth, tourner le dos à l'océan et entrer dans les terres, arpenter les Rocheuses ou le désert de Mojave, à la recherche de spots de parapente, de reliefs d'où s'élancer, porté par les courants ascendants, pour prendre enfin de l'altitude et voir le paysage d'en haut. Puis le soir venu, du sommet d'un massif, bivouaquer et admirer le ciel étoilé. Ils sortaient du sac une simple paire de jumelles, ils veillaient une partie de la nuit et se projetaient dans l'espace au-dessus d'eux. Mais aucun de ses camarades ne rêvait comme lui d'y accéder. S'élever de plus en plus haut jusqu'aux limites suborbitales, et un beau jour les dépasser, et à partir de là, il n'y a plus d'obstacle, une fois extraits du champ d'attraction terrestre, une impulsion suffit, on navigue comme ça à l'infini. On peut embrasser une carrière et s'y consacrer corps et âme. Pour autant, le corps justement, on n'est pas tous prêts à l'exposer de la même façon. Dès ses débuts, Lewis Farrell rêvait d'en faire l'expérience, de s'embarquer, d'aller y voir par lui-même. Alors que pour certains parmi vous, c'est venu tardivement. Ou pas du tout. On peut aimer passionnément l'espace sans espérer pour autant y faire ses premiers pas. Chez lui, l'un n'allait pas sans l'autre. S'arracher à la gravité de la Terre, en saisir visuellement une portion complète, de plus en plus vaste, de plus en plus courbe, à terme l'appréhender dans son entier, un jour c'est certain, il accéderait à cette vision-là. Et pas seulement en touriste. En véritable acteur de la conquête spatiale. Il visait loin, aussi loin que possible, au-delà du système Terre-Lune. Il voulait aller y voir de plus près. Y poser le pied, s'y déplacer. N'importe quel objet du Système solaire, une planète, une lune, un astéroïde, pour peu qu'ils soient naturels, fabriqués dans le même chaudron, issus du même disque primitif de gaz et de poussières, tous ces objets l'attiraient, une attraction puissante. Ils m'ont attiré moi aussi, mais d'une autre manière, sous une perspective un peu différente. Chaque objet m'intéressait moins en soi que les moyens d'y accéder. Tandis que Lewis Farrell, dès son plus jeune âge, n'aspirait qu'à ça, devenir astronaute. À l'époque les places étaient chères. Le genre de places qui ne s'achètent pas. Ou bien un aller-retour, à prix d'or, le temps d'une brève expérience touristique. Mais une carrière entière, intégrer le corps des astronautes, non. Parce qu'il ne cochait pas toutes les cases, loin s'en faut, des conditions drastiques exigées par les agences spatiales pour candidater, il n'avait aucun espoir à entretenir de ce côté-là. Il a dû le comprendre assez vite, qu'il ne pouvait compter que sur lui-même. Lui qui n'était pas homme à renoncer. La suite de son parcours découle de ça. *Rien d'impossible au sein de l'univers, pour peu qu'on ose escalader les cimes*, disait Mao Zedong. Se fixer un objectif, quelle que soit la distance, trouver les moyens de transport adéquat, et si besoin, faire appel à ceux qui savent les concevoir ou les construire. Les concevoir, j'en étais. M'aventurer dans l'espace, j'en ai rêvé moi aussi dans mon enfance, sur l'île de Hainan où j'ai grandi, debout derrière les grilles du cosmodrome les jours de lancement, les yeux rivés sur la trajectoire des fusées *Longue Marche* au-dessus de la mer.

La passion qui était la sienne, qui est la nôtre, cette attirance que nous avons en partage comme d'autres ont l'attrait du grand large, elle s'enracine chez Lewis Farrell au cours de ces nuits de veille, dans le désert de Mojave, à décrypter un ciel qui ne lui était pas familier, après avoir cru que le ciel nocturne était partout le même pour peu qu'on se débarrasse de la pollution lumineuse, et découvrir que non, jamais la Voie lactée ne sera aussi belle qu'au-dessus de l'outback australien. L'aridité en surface, la profusion en dessous. L'outback et sa géologie exceptionnelle. Quand il parlait de l'Australie, Lewis Farrell décrivait un vieux mythe californien qui aurait survécu, celui de la conquête de l'Ouest et des colons chercheurs d'or, ce monde-là qui n'aurait pas tourné court, achoppé sur l'épuisement des filons. Les Australiens étaient riches, au début du XXIe siècle, comme ils pouvaient l'être cent cinquante ans plus tôt, riches de leurs minerais, assis sur un tas d'or. L'éventail était large des ressources et leurs gisements en tête des réserves mondiales, une économie sans sophistication ni complexité, qui vivait de ses exportations de matières premières, qui n'avait pas grand-chose d'autre à vendre au reste du monde, et plus le temps passait, plus les réserves déclinaient, plus les cours s'envolaient. L'équivalent d'une rente pétrolière, aussi peu soutenable que durable. Pourtant on avait beau repousser l'horizon, se projeter dans la décennie suivante, on n'en voyait jamais la fin. Une manne gagnée à la grande loterie de la géologie, longtemps ignorée, jusqu'à l'arrivée des premiers colons. À partir de là, rentabilisée et exploitée par la confiscation des terres, l'appropriation d'un monde qui n'était pas à eux. Comme en Californie, admettait Lewis Farrell, mais la comparaison s'arrête là, et c'est une chance, disait-il, une chance pour nous tous, que les deux pays n'aient pas eu la même trajectoire. Il a retrouvé à Los Angeles ce qu'il avait laissé en quittant sa terre natale. Le Pacifique, l'arrière-pays. Une façade maritime, l'outback. En miroir du miracle californien, l'outback australien et ses richesses exceptionnelles. Mais une Californie qui n'aurait pas muté, qui aurait traversé deux siècles fidèle au modèle économique des origines, celui qui a fait sa fortune dans le sillage des migrations. De son ancêtre Farrell, débarqué à Melbourne au milieu du XIXe siècle, il avait conservé le portrait. À quoi ressemble-t-il ? À un jeune Irlandais rescapé de la Grande Famine, un regard clair halluciné, assoiffé et prêt à tout, qui pose seul, en chapeau et en arme, debout devant sa concession. Et voici Lewis Farrell sur une plage de Perth, photographié à peu près au même âge, dans l'insouciance et la prospérité. Entre les deux dates, rien n'a fondamentalement changé dans l'économie du pays. Il dira plus tard, la modernité adossée au vieux monde. Il aurait pu s'en satisfaire. Au lieu de quoi, il a su se projeter vers l'avenir, comprendre que la position de l'Australie n'était pas acquise, l'âge de l'abondance étant révolu, que les puissances minières allaient devoir se battre pour préserver leur statut.

C'est une chance pour tout le monde, disait Lewis Farrell, que la Californie et l'Australie n'aient pas eu le même destin. Il voulait dire par là : quel aurait été le visage de notre modernité dans le cas contraire ? Si la Californie n'avait fait que tirer le fil de la facilité, sans jamais épuiser ses filons ? Loin, très loin des bâtisseurs d'empires propulsés par les nouvelles technologies, que lui et ses camarades admiraient sur le campus de l'UCLA – chacun aspirait à ça, revenir chez lui, dans son pays, en ambassadeur, peut-être pas du modèle entier, mais de ce qu'il appréciait le plus dans le modèle. Lewis Farrell, à son retour, n'a pas fait autre chose. Il est un des premiers à avoir plaidé la cause du New Space en Australie. Il restera dans l'histoire comme un des artisans du programme spatial australien. La preuve, s'il en fallait une, qu'un défaut de volonté politique peut être surmonté. Il suffit d'un esprit fédérateur ou d'un catalyseur. Pour transmettre une vision, fédérer les énergies, séduire la société civile et susciter son adhésion, attirer les capitaux, importer de nouveaux talents, il fallait un profil comme lui, inspiré, et qui à son tour l'a été, inspirant. Un pionnier dans son pays. Une référence au-delà des frontières, pour celles et ceux, comme moi, qui avaient besoin de figures auxquelles s'attacher.

Quand on se souvient, l'ambition de la Californie à cette époque qui le faisait vibrer. Assumer à elle seule, porter sur ses épaules la responsabilité d'un monde nouveau. Inventer un modèle, en jeter les bases, mais pas seulement. Aussi l'approfondir puis l'imposer, le diffuser partout. Ce qu'elle faisait très bien et avec constance depuis déjà cinquante ans. Cette époque est révolue, il n'empêche. Sans cet élan, cette énergie qui lui a été transmise, les idées qui circulaient et le road trip à Guadalajara par le bouche-à-oreille, le destin de Lewis Farrell aurait été différent. Nous-mêmes n'en serions pas là. L'Australie ne tiendrait pas la position qu'elle occupe, Darwin n'accueillerait pas le siège de l'Agence spatiale internationale, et nous ne serions pas réunis ce soir, sur l'esplanade qui porte désormais son nom, pour évoquer ensemble un programme historique, à la hauteur de l'ambition dont il a toujours fait preuve.

Chaque année, la fondation Carl Sagan distingue un industriel engagé depuis peu dans l'aventure spatiale ou porteur d'une vision capable de la renouveler. En 2035, Lewis Farrell était ce candidat, l'homme aux portes du club très fermé des acteurs qui comptent dans l'industrie du spatial, invité à prendre la parole à Pasadena, au soir de la remise du prix. Son entreprise était jeune. Sa flotte se limitait aux trois lanceurs achetés l'année précédente. Elle s'est imposée depuis comme une compagnie de premier plan sur le marché du transport spatial, mais à l'époque l'essentiel restait à faire, elle avait tout à prouver. Lewis Farrell s'est présenté avec le programme ambitieux qui venait de rallier les suffrages de ses actionnaires. Il avait trente-huit ans, il rayonnait, un nouveau chapitre s'ouvrait, plus rien ne serait comme avant. Vous reconnaissez le logo de la White Star Line Company qu'il a fondée : argent, bleu et rouge. Les images ont été tournées le soir de l'inauguration du cosmodrome de Kimberley. Il avait milité pour sa construction, lui et les représentants du syndicat minier, ils ont fait pression sur leur gouvernement. Au prétexte que la position qu'occupait l'Australie, elle ne pourrait la conserver qu'en devenant une puissance spatiale. N'avoir à sa disposition aucun moyen autonome d'accès à l'espace entamait la souveraineté du pays et le condamnait au déclin. Voilà ce qui inquiétait Lewis Farrell. Qu'à terme, l'industrie australienne assiste à sa propre extinction, ou survive dans une lente agonie, sans pouvoir tirer parti de ce qui se prépare, sans aller chercher les relais de croissance dont d'autres nations pourraient bénéficier. On est dans le top trois des pays producteurs, disait Lewis Farrell, pour les deux tiers des ressources minérales indispensables à l'économie mondiale, mais ça ne durera pas.

Le défi spatial était immense. Il ne s'agissait pas pour l'Australie de revenir dans une course de fond dont elle n'avait jamais pris le départ. Mais de se frayer un raccourci et sprinter sur la dernière ligne droite, en espérant arriver à temps. Avant qu'un traité ne soit signé, entérinant la partition de la Lune. Avant que la bataille juridique ne s'engage, dans les couloirs d'une convention internationale, qui fixerait les règles d'attribution des concessions lunaires, au bénéfice des seuls acteurs, publics ou privés, capables de relier la Terre à la Lune. Il a su convaincre les milieux d'affaires, tirer la sonnette d'alarme auprès des autorités. Aiguiser l'appétit de ses concitoyens, réveiller chez eux le vieil instinct des pionniers. À ses yeux, la Lune n'était que le premier jalon. Mais ce jalon indispensable, il allait falloir l'atteindre. Et pour ce faire, se doter d'une base de lancement.

Des terrains ont été acquis au sud-ouest de Darwin, au pied du plateau du Kimberley, face au Grand Désert de Sable. L'Agence spatiale australienne a piloté la conception et la construction des infrastructures, soutenue par la technologie et les capitaux chinois. Quand le premier pas de tir est sorti de terre, Lewis Farrell a créé la White Star Line. Ou plutôt, il a réveillé une société en sommeil, dont il avait déposé les statuts quand le financement du cosmodrome a été voté. Afin de pouvoir lentement tisser sa toile, consolider son réseau et organiser ses bases logistiques. Pour être fin prêt le jour J et le premier sur la ligne de départ. Le jour où il s'agirait d'offrir ses services. Le jour où l'Agence spatiale australienne lancerait ses appels d'offres, en vue d'organiser le transport de fret et de passagers au départ de Kimberley.

Le soir de l'inauguration du cosmodrome, la première navette de la WSL décolla de la rampe numéro 3. Peinte sur son fuselage, vous reconnaissez l'étoile d'argent cerclée de bleu sur fond rouge. Pour imaginer son logo, Lewis Farrell s'est inspiré du drapeau de la White Star Line première du nom, la compagnie maritime fondée à Liverpool au milieu du XIXe siècle. Avant qu'un naufrage retentissant dans la traversée de l'Atlantique Nord ne vienne ternir sa réputation, elle a bâti sa prospérité en offrant aux colons une ligne de transport régulier vers les terrains aurifères du sud-est de l'Australie. Parmi les passagers inscrits au registre de l'émigration, l'Irlandais Farrell. Il arriva à Melbourne en 1857, après deux mois de mer à bord du *Blue Jacket*. Dans les haubans flottait un pavillon rouge à deux pointes, avec en son centre, l'étoile blanche censée lui porter chance.

Pendant que les regards les plus ambitieux étaient tournés vers Mars, Lewis Farrell fixait la Lune, par une sorte de myopie pensaient certains, mais non. La desserte des concessions au départ de Kimberley était une étape nécessaire. La White Star Line a pu accompagner le pays dans sa stratégie d'implantation. Progressivement les Australiens ont optimisé la liaison Terre-Lune via le White Star Hub, leur plateforme de transit située en orbite lunaire. Modernisant la flotte, intégrant les technologies les plus récentes, sur le modèle de la célèbre compagnie maritime qui abandonna les clippers, à la fin du XIXe siècle, au profit des navires à vapeur, soucieuse d'améliorer la desserte transatlantique. Chaque nouveau navire était l'occasion de mettre en œuvre les dernières innovations techniques, avec l'espoir renouvelé, à chaque voyage inaugural, de battre un record de vitesse. Il en va de même dans l'espace interplanétaire. La concurrence que se livrent les constructeurs et les armateurs participe de la même obsession, augmenter les vitesses de déplacement et raccourcir les distances.

Lewis Farrell fixait la Lune, l'unique satellite de la Terre, une singularité en soi dans le Système solaire, avait-il coutume de dire. Quitte à avoir une lune, notre planète aurait dû en avoir plusieurs. Et autant de postes avancés pour nous les humains à se partager, au lieu d'un seul. Un seul satellite naturel en orbite et une compétition d'autant plus rude, que les concessions les mieux dotées en ressources sont inégalement réparties. Pendant que les nations bataillaient pour s'établir aux pôles, là où la glace qui tapisse les cratères d'impact, plongée dans une ombre perpétuelle, n'a pas fondu, lui Lewis Farrell visait la zone équatoriale. Avec ce réflexe, chaque fois qu'il y pensait, de lever la tête et d'imaginer un objet au-dessus de lui, ramené dans le champ d'attraction lunaire, un concentré de ressources, une manne providentielle qu'il serait allé chercher.

Étendre la colonisation du Système solaire à son plus grand gisement de matières premières, en digne artisan du New Space, voilà son ambition. Ces réserves, on ne les trouvera pas sur la Lune ou sur Mars, mais dans un disque de matière primitive en rotation, à peu près à mi-chemin entre l'orbite de Mars et celle de Jupiter, la ceinture principale d'astéroïdes. Dès les années 2040, l'exploitation des astéroïdes devient le fil conducteur d'une politique spatiale financée par les revenus colossaux de la rente minière. Le pays pose les jalons d'un inventaire représentatif, à défaut d'être exhaustif, des cibles les plus prometteuses. Les sondes d'exploration, le savoir-faire acquis dans ce domaine-là est réorienté pour répondre aux exigences des industriels. En parallèle des campagnes de prospection, on intensifie les recherches pour mieux adapter les techniques d'extraction aux contraintes du vide spatial.

Un vide qui n'en est pas tout à fait un, pour preuve ces millions de corps rocheux ou métalliques qui gravitent autour du Soleil, de quoi reconstituer une planète qui aurait été percutée et réduite en miettes. En fait non, c'est le contraire qui s'est passé. Les progrès de l'astrophysique nous racontent une autre histoire, celle d'une planète non advenue. Toute la matière était là, disponible, des poussières agrégées en galets, les galets en rochers, certains très gros. Mais l'accrétion s'est interrompue, freinée puis stoppée, à l'approche du monstre gravitationnel qu'est Jupiter. La formation de la cinquième planète tellurique n'a pas eu lieu. Elle a été empêchée et c'est une chance pour nous, une planète restée à l'état de projet, qui existe à l'état de fragments, déjà débitée. Il suffit de se servir, de prélever ses richesses, selon les astéroïdes, leur catégorie, du carbone, de la glace d'eau, des silicates, quantité de métaux en proportions variables. En choisissant bien, tout ce dont on a besoin. Explorer la zone comme on explore un sous-sol, la cartographier, identifier les filons, un jour, c'est certain, on accédera à cette vision-là. Un jour prochain, prédisait Lewis Farrell, les progrès de la propulsion mettront la ceinture principale à notre portée. En attendant, on peut commencer par les objets les moins éloignés, ceux qui s'en sont échappés. Et en s'échappant, se sont rapprochés de nous. Au point que leur orbite autour du Soleil croise régulièrement la courbe dessinée par la trajectoire de la Terre. L'objectif à court terme, ce sont eux, les astéroïdes géocroiseurs.

Nous sommes réunis ici ce soir, les yeux levés vers la voûte étoilée, postés juste en dessous. Libres de tourner la tête et d'admirer le ciel de nuit. De communier ensemble, que le ciel de Darwin nous soit familier ou non, et ses variations saisonnières. Beau, en dépit de ce qu'il reste de pollution lumineuse, réduite cependant par rapport au début du siècle. Rien ne nous empêche de partager la même émotion, rassemblés par une passion commune, alors que nos parcours individuels sont si différents. Qu'on ait une vocation d'astrophysicien, d'ingénieur ou d'astronaute, l'attirance est la même, l'objet de notre attirance, on regarde tous dans la même direction, comme ce soir vers la voûte étoilée. Notre passion pour l'espace, elle s'enracine profondément. Puissante, elle nous guide très tôt dans nos choix de vie et le parcours sera exigeant. Il l'est quel que soit le métier, corps et âme, on embrasse une carrière et le métier nous absorbe entièrement. Ensuite, le besoin d'un engagement physique, pourquoi certains l'éprouvent et d'autres non ? Sur cette question, de prendre des risques pour soi-même, au lieu de se contenter d'y envoyer les autres, quand on est un entrepreneur de l'espace, à quoi ça tient ? Si la question mérite d'être posée, Lewis Farrell n'en a pas eu besoin.

Il rêvait de poser son pied sur la Lune. Il l'a fait. Il militait pour que l'Australie se dote sur la Lune d'un poste avancé. Elle l'a fait. Il n'attendait pas grand-chose du sous-sol lunaire. Il savait que la bataille pour la glace d'eau préservée au fond des cratères d'impact, là où la paroi ne voit jamais le soleil, à l'heure du grand partage, puis de la vente à la découpe, spécialement autour des concessions du pôle Sud, il savait que cette bataille serait rude, et elle le fut. Il se projetait déjà dans l'étape suivante. Son objectif : ouvrir une ligne régulière, installer une rotation. Des dessertes programmées, cadencées. Puis prolonger la ligne, un tronçon succédant à un autre, établir des relais, des comptoirs, en s'appuyant sur les points de Lagrange, ces rares points de stabilité dans l'espace qui accompagnent fidèlement un astre dans sa révolution. Relier ces points entre eux, amorcer un réseau et pousser plus avant, au prétexte que dans l'histoire de la colonisation, le transport précède toujours la mise en valeur. Il voulait s'affranchir, libérer son corps de la finitude de la Terre. Il a marché sur la Lune, il y a vécu, il en est revenu, il y est reparti. Il a pointé son télescope vers le jalon suivant. Une année après l'autre, il a visité ses comptoirs. Il a toujours, chaque fois, à chaque étape de son parcours, d'extension d'une ligne, visité le poste le plus avancé, encouragé ceux qui le tenaient et leur aspiration à s'aventurer plus loin. Quand l'intérêt pour les astéroïdes géocroiseurs a émergé, face à l'énormité de la tâche et aux besoins de coopération, il a milité. Il a soutenu le projet de mutualiser les moyens au sein d'une agence multinationale. Il a été un des ardents défenseurs de la création de l'ISA. Il était présent à Darmstadt dans les coulisses de la signature du traité, et le choix de Darwin pour accueillir le siège de l'agence, parmi les trois villes candidates, doit beaucoup à son travail d'influence.

Ceux qui étaient comme moi, de jeunes ingénieurs en début de carrière, cherchaient un cadre pour les accueillir, un mentor ou un modèle pour les inspirer. Pour cette raison ils ont sonné à la porte de la White Star Line avec l'espoir de se faire embaucher. Ce qu'il incarnait pour nous? L'homme qui avait gagné son pari, avant même d'avoir atteint l'âge de la maturité, d'imprimer sa marque, de laisser une empreinte durable dans l'histoire du spatial. Un parmi d'autres, nombreux, mais tous n'ont pas réussi aussi bien. Nous sommes là où la génération précédente nous a menés, dont on prolonge le geste, avec nos gestes à nous, et le recul, et la technologie qu'ils n'avaient pas.

Journal de mission

30 janvier 2097

Tracy, jour 45

On circule dans la zone la plus densément peuplée du Système solaire. À cet endroit des milliards de corps rocheux et métalliques gravitent autour du Soleil, lancés à la vitesse d'une comète. Les plus massifs sont pratiquement sphériques et grêlés de cratères d'impact. Aucun incident n'a été signalé. L'extraordinaire qualité de notre navigateur n'y est pour rien, c'est juste une affaire de statistiques. Ce qui est vrai ailleurs dans le vide spatial se vérifie ici. À l'échelle de temps qui est la nôtre, la probabilité d'une collision est proche de zéro. On voyage depuis une semaine à l'intérieur d'un champ d'astéroïdes. Mais quand on regarde à travers un hublot ou qu'on s'assoit sous la coupole d'observation, on ne voit rien. Ceux qui rêvent de pouvoir un jour slalomer aux commandes de leur vaisseau seraient déçus. Sur l'écran de navigation, les coordonnées de l'astéroïde le plus proche s'affichent à quinze fois la distance Terre-Lune.

Dans un système à deux corps, une lune et sa planète, ou une planète et son étoile, la mécanique céleste nous enseigne qu'il existe cinq positions d'équilibre, cinq points stables dans l'espace où les forces de gravitation s'annulent. Un objet placé à cet endroit accompagnera fidèlement les deux corps dans leurs mouvements, sans jamais s'en éloigner ou s'en rapprocher. Ce sont les cinq points de Lagrange, notés L1 à L5, et la prochaine étape de l'*Olympic* est le point L1 du système Jupiter-Soleil. On devrait l'atteindre dans quarante jours.

Des sondes d'exploration ont été larguées par le *Titanic* il y a un an. Elles ont rejoint les astéroïdes troyens de Jupiter et doivent collecter des échantillons. La dernière a subi une avarie et s'est déroutée. Elle s'est mise en attente au point de rencontre L1, et c'est à nous de la récupérer. *Milena* surveille ses coordonnées. De temps en temps, le moteur de la sonde se rallume et corrige la trajectoire par de légères impulsions, pour maintenir sa position. D'après la théorie, cette position est naturellement stable. Dans la pratique, il arrive qu'une lente dérive s'installe au fil des semaines, jusqu'à ce que l'objet glisse, comme dans le lit d'un courant, et se fasse emporter. Sur le plan de l'équilibre des forces, les cinq points de Lagrange ne se valent pas. Les trois premiers sont moins stables que les deux derniers qui le sont considérablement. Au point que des astéroïdes s'y sont accumulés. Ils transitaient aux abords, à l'exemple des troyens de Jupiter, ils ont été capturés et n'en sont plus repartis. Contrairement aux géocroiseurs, il faudrait mobiliser une énergie colossale pour les dérouter.

Depuis sept mois, le *Titanic* gravite autour de Titan. Il déroule exactement le même plan de vol que nous, avec un an d'avance. Il transporte dans ses soutes les robots de chantier et les équipements nécessaires à la construction d'un avant-poste. Le déploiement complet démarre à l'arrivée de l'équipage. Mais l'implantation des unités les plus sensibles commence plus tôt. Celles qui sont indispensables à notre survie. Sans lesquelles notre autonomie serait réduite aux réserves d'une navette en énergie, en oxygène et en eau, en théorie trois mois.

Aiko, jour 45

Au 45e jour du voyage, l'*Olympic* progresse sans encombre à travers la ceinture principale d'astéroïdes en direction de Jupiter. *Milena* pilote notre destin et maintient le cap, il n'est pas question pour elle de ralentir, au contraire, après six semaines d'accélération, le vaisseau vient enfin d'atteindre sa vitesse de croisière et poursuit sur sa lancée, moteurs coupés. Les trois premiers points de Lagrange, par leur légère instabilité, à cause de cette dérive qui s'installe au fil du temps et provoque un décrochage, l'existence de ces points d'équilibre dans l'espace a créé des flux d'échanges, des routes privilégiées de transfert qu'empruntent les astéroïdes ou les comètes sans dépense énergétique. Et ce qui est vrai pour des objets naturels est aussi vrai pour nous, pour nos sondes, pour nos vaisseaux, progressivement on lâche prise, on largue les amarres et on se laisse embarquer, nous voilà mis sur des rails, poussés par les courants gravitationnels, d'une puissance à faire pâlir le Gulf Stream du temps où les grands courants océaniques étaient des forces vives ; et donc à l'échelle de notre Système solaire, c'est tout un réseau de voies navigables sur lesquelles on vogue vite et sans effort, et forcément encore plus vite si on fait l'effort nécessaire, avec des carrefours et des rocades, des bretelles, des nœuds stratégiques. Établir des comptoirs, disait Lee Wang, puis entre deux comptoirs, un système de transport régulier, comme aux premiers temps des circumnavigations, d'abord des avant-postes, puis un réseau entier et bien organisé. Imaginer un maillage, des haltes, des relais, de la Terre à la Lune, de la Lune à un astéroïde, de la ceinture principale aux lunes de

Jupiter, et à chaque saut, par bonds successifs, repousser les frontières de l'espace accessible. Le temps qu'a duré leur voyage, disait Lee Wang, abandonnés au milieu de l'immensité. Le temps que va durer le nôtre, perdus dans l'espace interplanétaire, on pourrait en dire autant, une fois nos semblables hors de portée, seuls comme jamais, et néanmoins confiants. Ils ont quitté le système Terre-Lune, le Soleil dans le dos, se détournant délibérément de lui, de ses feux, de sa puissance d'attraction, ils sont ces pionniers qui ont perdu de vue la Terre, les premiers à avoir osé le faire, laisser derrière eux notre planète et la voir s'éloigner. Avant que Mars ne se rapproche, dans cet entre-deux, à la vitesse qui était celle de leur vaisseau, perdus au milieu de rien, dans un temps suspendu, il fallait oser. Depuis les progrès techniques ont accéléré les déplacements, mais l'humanité n'est pas encore capable de franchir les limites du Système solaire, une sonde oui, mais pas un vol habité.

Sa jumelle quelque part, c'est certain. Une jumelle de notre Terre. Ni trop grosse ni trop petite, à la juste distance de son étoile. Une atmosphère limpide, le bleu des océans, des masses continentales réparties autrement. Prise à un autre moment de son histoire, sans l'effet de la photosynthèse, sans encore le vert à sa surface, mais qui ne demande qu'à être ensemencée. Son alter ego ou presque, de même classe, de jauge similaire, qui présente des caractéristiques comparables, son sister-ship comme on qualifiait entre eux les grands transatlantiques, son navire-jumeau, son bateau-frère. Et qui tourne elle aussi et accomplit sa révolution, selon une trajectoire à peine moins elliptique. Cette expérience-là, combien de fois, quand on se baladera virtuellement dans la Voie lactée, comme aujourd'hui à l'intérieur du Système solaire ? Elle existe, forcément, et même en plusieurs exemplaires, la copie de notre Terre, statistiquement, rapporté aux milliards d'étoiles de notre Galaxie, et dix fois plus de galaxies dans l'univers qu'il y a d'étoiles dans la nôtre. Une planète sœur saisie à une étape ou une autre de son évolution, à des années-lumière de chez nous, plus jeune ou plus vieille, peu importe, mais conçue à l'identique, mêmes lignes, même gabarit, et faisant route, traçant sa route, et cependant inaccessible, qui ne sera jamais une solution de repli. Notre vaisseau Terre. Pas d'autre solution pour nous, si le vaisseau prend feu, que d'embarquer sur les chaloupes, pour ceux qui embarqueront, et dériver sans fin, poussés par les courants.

Gradatim ferociter

J'ai écouté les voix de ceux qui nous ont précédés, poursuivit Lee Wang. Certaines voix portent plus que d'autres. Eux-mêmes avaient agi de la même façon, et on peut remonter ainsi d'une génération à l'autre, jusqu'aux pionniers de la conquête spatiale qui n'avaient personne avant eux, aucun modèle pour les inspirer. Nous qui sommes réunis ce soir, nous avons eu cette chance, des voix nous ont guidés, des voix ont bercé notre enfance, notre adolescence, ont nourri notre imaginaire. On a vu grand parce que d'autres avaient vu grand, on a eu cet espoir parce que d'autres avant nous se sont approprié un rêve et l'ont poussé un cran plus loin. Un cran suffit. Un rêve, une vision, une foi inébranlable, ça suffit pour franchir l'étape suivante. Tous ceux qui se sont vu proposer un grand récit, qu'il suffit de prolonger pour écrire un nouveau chapitre de l'exploration, ont le devoir de le faire, à l'échelle qui est la leur. S'en saisir, lui donner un nouvel élan.

La carte qui vient de s'afficher recense les cosmodromes civils et militaires à travers le monde. Elle a été actualisée en avril dernier, à partir des données transmises par les satellites de l'ISA. Vous remarquez que les sites sont inégalement répartis. À l'intérieur d'une bande délimitée par les tropiques du Cancer et du Capricorne, ils se concentrent aux très basses latitudes. Bien que tributaires de leur géographie, les États semblent avoir le même horizon. Un peu comme un nuage de points en statistique, léger et diffus à la périphérie, il s'en dégage un tropisme vers une ligne médiane, aux abords de laquelle la concentration, la densité des points augmente. Cette ligne d'attraction, on le sait, c'est l'équateur. Sa proximité est un facteur d'économie évalué en amont de tout projet d'implantation. Une faible latitude, idéalement la latitude zéro, réduit la distance à l'orbite géostationnaire. Elle améliore surtout la performance des lanceurs, puisque à la puissance nominale des moteurs s'ajoute celle, maximale à cet endroit, imprimée par la vitesse de rotation de la Terre.

Je suis né sur l'île tropicale de Hainan, située ici, au sud de l'île de Taïwan, sous le point rouge qui figure l'intensité du trafic. Longtemps Hainan a eu le statut de province chinoise la plus méridionale. C'est la raison pour laquelle, dans les années 2010, la décision a été prise par les autorités de construire au nord-est de l'île, face à la mer de Chine, une base de lancement adaptée à la mise en orbite des charges lourdes. D'abord certaines sondes d'exploration, puis les modules de la station spatiale chinoise. Plus tard ceux des bases lunaires, en attendant le premier vol habité vers Mars. L'Académie de Shanghai pour la technologie des vols spatiaux employait vingt mille personnes quand mes parents se sont rencontrés. Affectés l'un et l'autre, à leur sortie de l'université, au programme du lanceur de nouvelle génération, *Longue Marche 9*. Je suis né en 2027 sur l'île de Hainan où ils venaient d'être mutés. Aujourd'hui le cosmodrome s'impose, par son trafic et par la superficie des infrastructures, comme le plus grand port spatial de la région Pacifique. Mais à l'époque, il restait une chasse gardée, fermée aux compagnies privées étrangères.

J'ai grandi là, aux abords de la zone sécurisée, à l'ombre des gigantesques pas de tir qui nous fascinaient, alimentaient nos jeux les jours de lancement, dans l'attente et l'allégresse, quand s'enclenche le compte à rebours, elle nous traverse déjà. Deux heures avant le décollage, on la ressent par le souvenir qu'on en a, cette force titanesque de l'attraction terrestre à laquelle la poussée des moteurs se mesure, qui est sans équivalent, qui ne ressemble à rien de connu, aucune autre expérience ne s'en rapproche. Elle traverse nos corps d'enfants et d'adolescents, le moment venu, la puissance qu'il faut pour s'extraire du puits de la gravité, à l'allumage des moteurs, quand le sol tremble, quand l'air se charge et éblouit, comme un mirage et un détonateur, une brume de vapeur blanche transpercée par la déflagration d'où émergent lentement, résolument, les fusées *Longue Marche*. On suit des yeux la gerbe de feu qui grimpe au-dessus de la mer, en oubliant que le pire peut arriver, puisque le pire n'arrive jamais. Jusqu'à ce que le point lumineux disparaisse dans la haute atmosphère. Mais notre tête bourdonne encore, l'événement résonne encore à nos oreilles, on pense à celles et ceux qui sont assis là-haut. On y pense avec l'envie de s'y asseoir à notre tour. Chacun éprouve le besoin de s'identifier, à six ou sept ans on s'identifie, et si ensuite le désir se déplace, l'admiration restera. J'ai six ans et le cosmodrome de Hainan essaime en Australie. Plusieurs équipes d'ingénieurs sont constituées et détachées sur le chantier de construction, aux portes du Grand Désert de Sable. Mon père s'absente, revient, repart, au rythme de deux mois là-bas et quinze jours chez nous. La vie familiale s'organise autour de ce nom-là, Kimberley. Et mon imaginaire autour des récits qu'il me fait du désert, moi qui ne connais rien d'autre que le climat tropical de notre île.

Ce sont des années, celles de ma jeunesse à Hainan, où la rivalité entre la Chine et les États-Unis dope les ambitions et les budgets de financement, accélère l'agenda spatial. Chacun veut faire la course en tête, même si c'est difficile, a fortiori parce que c'est difficile, et par là, apporter la preuve de la supériorité de son modèle. Elle a beau être la première puissance économique, la Chine doit encore s'affirmer dans des secteurs de pointe, à l'exemple du spatial, où les accords internationaux entre ses concurrents ont creusé l'écart. Son objectif est de rattraper son retard, puis faire jeu égal, et bientôt prendre l'avantage. Concentrer ses ressources pour étendre son leadership, partout où le leadership lui manque. Sur l'île de Hainan, les investissements affluent et la croissance de la population s'accélère. J'ai grandi à l'ombre tentaculaire du cosmodrome dont les limites ne cessaient d'être repoussées, qui ne faisait que s'étendre à chacun de mes anniversaires. Ce jour-là, j'étais autorisé à monter dans le bus, aux côtés de l'un ou l'autre de mes parents qui étaient accrédités, à franchir les grilles et rouler jusqu'au centre de contrôle, pour assister au prochain lancement. Une fois par an, un cadeau et une transmission de leur part, de ce qui les faisait vibrer, temps zéro moins dix minutes, temps zéro moins une minute.

Contrairement aux industriels américains qui affichaient leurs ambitions, fixaient un délai serré à la réalisation de leurs projets, réduisaient encore ce délai en estimant que tout le monde en interne pouvait travailler dur, le gouvernement chinois s'est toujours gardé de communiquer sur ses objectifs et le calendrier de sa politique spatiale. Mais les résultats étaient là, la régularité des progrès et l'inflation des moyens témoignaient du rattrapage. Une remontée patiente, sans grande publicité extérieure, mais inexorable. Jusqu'au jour où la stratégie de communication a changé, où la ligne officielle du Parti s'est affichée publiquement. À la tribune du 35e Congrès, la Planète Rouge a fait son entrée dans le grand récit national, avec pour horizon 2049, le centenaire de la République populaire de Chine. Une date anniversaire, prétexte à une démonstration de force à la face du monde : planter le drapeau rouge dans le régolithe du sol martien. 2049, l'année de tous les superlatifs et une date butoir. Le jour où dans le camp chinois, une échéance a été fixée, l'échec n'était plus une option. Partout, ingénieurs et techniciens se sont mobilisés, passant d'un rythme de travail qui était déjà soutenu, à une marche forcée. Et nous les enfants de Hainan, on a été témoins de ça, de cette ardeur au travail, de cette ferveur, avec des désirs de conquête nous aussi, un rêve d'évasion puissant, à proportion de l'énergie qui se déployait sous nos yeux. Il n'y avait nulle part où aller pour qui voulait échapper à l'obsession martienne, et je ne le voulais pas, ni moi ni aucun de mes camarades, du moins pas encore. On adhérait au récit d'une épopée nationale dont rien ne pourrait entraver le succès. Et que rien, dans sa préparation, ne devait ralentir. En affirmant leurs ambitions, les autorités chinoises adressaient un message au reste du monde. Mais le message était aussi à usage de politique intérieure, il détournait l'attention d'autres sujets. Substituer un rêve à un autre, la recette avait déjà fait ses preuves. Proposer un récit concurrent aux discours émancipateurs qui émergeaient dans le pays.

Hainan était un microcosme, une enclave de prospérité et de loyauté au régime. En mai 2045, son cosmodrome est devenu la base officielle de lancement des futures missions vers Mars. J'ai quitté l'île la même année, pour poursuivre mes études à l'Université de Shanghai, comme avant moi deux générations d'hommes ou de femmes dans la famille. La promesse nous avait été faite, dès notre plus jeune âge, d'une reproduction du parcours qui avait été celui de nos parents, on ne voyait pas plus loin. Pourtant dans le pays, des voix s'élevaient, se faisaient entendre, porteuses d'autres promesses. Elles nous étaient parvenues étouffées sur notre île, mais du jour où j'ai rejoint le continent, où j'ai franchi les grilles du campus à

Shanghai, il est devenu difficile de rester à l'écart, de ne pas se laisser gagner par les idées qui circulaient. L'enrôlement massif de la jeunesse imposé par le Comité d'organisation du centenaire a agi comme un catalyseur. Trois mois ont suffi. En trois mois, l'agitation qui régnait sur les campus a pris une nouvelle dimension politique. Avec plus que jamais une échéance, octobre 2049, devenu un enjeu symbolique, non seulement pour le parti au pouvoir mais pour ses opposants. Les manifestations et les grèves se sont multipliées. La répression a été sévère et largement mise en scène. Un pays entier uni et en ordre de bataille. Après quoi, la chape est retombée. Au lendemain des cérémonies, les autorités ont soldé les comptes et nettoyé les principaux foyers de contestation, à l'intérieur et à l'extérieur des universités. Les conditions d'accès au marché du travail se sont durcies, y compris dans les secteurs de pointe. Toute une classe d'âge s'est vu barrer l'accès aux grandes entreprises d'État, et l'Académie de Shangai pour la technologie des vols spatiaux ne fait pas exception. Pour des millions de diplômés, empêchés d'aller au bout de leur cursus ou privés d'un emploi à la sortie, partir ou rester, la question s'est posée. Avec d'autant plus d'acuité que si des portes se sont fermées en Chine, ailleurs dans le monde, d'autres se sont ouvertes. Pour peu qu'on soit prêt à s'expatrier et je l'étais, attiré par toutes ces industries qui faisaient rayonner le spatial à l'étranger, qui portaient les projets les plus avant-gardistes, une agilité, une rapidité d'innovation qui ne demandaient qu'à faire école. À l'exemple de la White Star Line, toujours prête à recruter des talents et les convertir à sa cause. Me convertir, m'engager, j'y étais prêt.

La première fois que j'ai rencontré Lewis Farrell, il avait cinquante-quatre ans et sa réputation n'était plus à faire. Nous étions une poignée de jeunes ingénieurs fraîchement embauchés, intégrés au département Recherche et Développement. Il nous a accueillis à Darwin, dans son bureau du dernier étage, pour nous souhaiter la bienvenue. L'endroit est resté en l'état. Sur les écrans qui cloisonnaient la pièce, des images tournaient en boucle, d'objets du Système solaire qu'il aimait regarder, prises par les caméras embarquées à bord des vaisseaux de la compagnie. C'est en s'immergeant, en se plongeant dans leur contemplation, disait-il, qu'il avait eu les meilleures idées. Tous les jeunes gens qui aspiraient à travailler pour lui connaissaient par cœur l'histoire de sa vocation, de ses intuitions, de ses combats et de ses succès. Forcément impressionnés de nous trouver là, conscients d'être à un tournant de notre parcours, on partage le souvenir d'un moment un peu décalé, presque en apesanteur. Il nous a invités à nous servir au buffet froid, puis à nous installer sur les banquettes, lui est resté debout. Il s'est tourné vers les écrans et les images de la Planète Rouge ont envahi la pièce. « Mars nous a déçus. » Voilà ce qu'il nous a dit en guise d'introduction, devant la photographie de la première empreinte humaine figée pour l'éternité dans le régolithe du sol martien. Il a eu cette phrase qui n'était pas celle d'un amoureux éconduit, plutôt celle d'un adulte nostalgique de son rêve d'enfant. « Mars était l'objectif, on misait tout sur elle, mais Mars n'a pas tenu ses promesses. » Il a démarré comme ça, avant de détailler son programme.

Les ressources minières qui nous sont indispensables, extraites à un coût raisonnable, on ne les trouvera pas sur la Lune ou sur Mars. En attendant de pouvoir exploiter la ceinture principale, on doit concentrer nos efforts en direction des milliers d'astéroïdes qui s'en sont échappés. Beaucoup nous sont accessibles, portés par les courants gravitationnels, ils se rapprochent puis s'éloignent. Se poster là et attendre, les laisser venir à nous, et au dernier moment, s'avancer à leur rencontre, telle était l'ambition du programme Mineas, du nom de l'astéroïde qu'il nous revenait d'identifier. Le cahier des charges avait été fixé par le nouvel accord de partenariat conclu entre le gouvernement australien et la White Star Line. On se levait parfois pour aller s'approvisionner au buffet. Intimidés en entrant dans la pièce, on l'était tous. À la sortie, galvanisés. Entre-temps, il nous avait livré sa feuille de route pour les quinze prochaines années. Force est de constater que dans les grandes lignes, à quelques détails près de calendrier, il a tenu parole. Une réserve inépuisable de matières premières, à l'aplomb des industries implantées sur le sol lunaire, inépuisable car renouvelable à l'infini, tel était le programme. Une réserve indépendante des ressources terrestres, sans avoir à s'arracher à son attraction, sans avoir non plus à les extraire à des coûts prohibitifs à deux unités astronomiques du lieu de transformation, on en a tous rêvé. On a rêvé du jour où la ressource viendrait à nous, libéré de la finitude de la Terre. Capturer les astéroïdes, s'appuyer sur les technologies développées pour écarter la menace de collision. Ce savoir-faire acquis dans la manière de les détourner, le mettre à profit pour les rapprocher de nous. L'extraction spatiale va d'abord alimenter les stations permanentes en eau et en carburant, prophétisait Lewis Farrell. Mais un jour s'ouvrira un nouveau territoire, celui de la construction pour des vols habités de longue durée, repoussant les contraintes de taille et de masse, des vaisseaux toujours plus grands, rapides et autonomes, car au lieu de les fabriquer ici, on les fabriquera là-haut.

On l'écoutait attentivement. On se laissait bercer. Avant même sa profession de foi, notre assemblée lui était acquise. Quoi qu'il dise, quoi qu'il fasse, elle l'était déjà avant qu'il entre en scène, acquise à sa cause, acquise à sa méthode. Un objectif intermédiaire à cinq ans, un calendrier, des étapes, des délais calculés au plus juste. Il délaissait les obstacles techniques, il refusait de les envisager, faisait abstraction du hasard et des imprévus, l'impasse sur tout ce qui aurait pu ralentir les équipes. Il misait sur notre motivation, surmotivés on l'était, et comment ne pas l'être ? Des délais jugés irréalistes. Mais réaliste, il ne l'était pas. Tout ce qu'il a pu faire advenir l'a été précisément pour cette raison, qu'il ne fixait aucune limite au rêve qui l'animait, dont il portait la charge, un rêve plus grand que lui, plus grand que nous. Nous tous assignés à notre place, confinés sur notre îlot. Bien que luxuriant comparé au reste du Système solaire, un îlot tout de même, une minuscule oasis aux confins de la Galaxie. Et suffisamment à l'étroit dessus, pour avoir vu fondre la biodiversité comme on avait vu fondre la glace. Certes en différé, mais presque au même rythme. Perdus sur notre îlot et condamnés à y périr, prédisait Lewis Farrell, sauf à changer d'échelle. Et c'est bien ce qu'il a fait, lui et d'autres de sa génération, ces acteurs d'une relance de la conquête spatiale telle qu'elle s'était interrompue après le programme Apollo, une apothéose en un temps record et puis plus rien de comparable, la fin des grands récits.

Se fixer des objectifs dignes de ce nom. D'abord à hauteur de vague puis de plus en plus haut, jusqu'au geste ultime, arracher son pays à la gravité et s'en arracher lui-même. Au lieu de s'adapter, de calibrer ses ambitions aux normes du possible, il abat les digues, rebat les cartes, inverse les logiques. Si la cible est trop éloignée de la Terre, rapprochons-la. *Gradatim ferociter.* Il a repris à son compte la devise d'un des pionniers du New Space. *Pas à pas, férocement.* L'homme marchant vent debout, luttant, en butte aux éléments contraires, progressant sans jamais rien céder. Exigeant avec les autres et avec lui-même. Il y a aussi tous ceux, et ils étaient nombreux, qu'il voulait séduire, rallier à sa cause, il savait faire. Des milliers d'ingénieurs se sont dévoués pour lui corps et âme, comme lui-même se dévouait à son Grand Œuvre, ne comptant pas leurs heures. Beaucoup peuvent en témoigner, on les trouve en soi, à la veille d'une étape décisive et elles étaient nombreuses, et les délais serrés. Il cadençait, il impulsait et soutenait le rythme, sa vie menée tambour battant, comme si la longévité allait lui manquer. Dans cette course contre le temps, pour aller au bout de ses idées, il avait besoin de bras, des cerveaux et des bras. Dans sa lutte contre le temps qui file, prêt à tout, non pas pour le retenir, mais faire jeu égal avec lui. Sa quête démarre là, au ras des vagues. Au fil des années, prenant de la hauteur. Sans jamais s'épuiser mais épuisant son entourage, ses équipes, sur le pont jour et nuit, des échéances affichées mais impossibles à tenir, c'était lui, sa manière d'agir, de motiver ses troupes. Parfois d'un revers de main, il vous désignait la porte, sans aucun remords, il vous invitait à le faire. Alors on le faisait, on partait. Mais on ne regrettait rien. Parfois avec ses encouragements, comme ce fut mon cas. Les quelques années de notre existence mises sous cloche, au service de son ambition. On adhérait. On a fait nôtre sa devise, le temps qu'a duré notre engagement. Féroce, il l'était. Parmi les pulsions qui l'animaient, impatient, mégalomane à parts égales avec ses rivaux. Pourtant en meneur d'hommes, il n'avait pas son pareil, pour faire grossir l'effectif et attirer les investisseurs. Habité par ses visions, mû par ses obsessions, il nous transmettait quelque chose. Habité et nous avec lui, au point d'y croire. Suffisamment fou, et par l'extraordinaire pouvoir de persuasion qui leur est propre, pour nous convaincre et nous embarquer et nous conduire quelque part. Le jour où, dans son bureau du vingtième étage, il nous a exposé son projet titanesque. Et moins par la difficulté technique que par l'ampleur de la zone à couvrir.

Notre mission : réfléchir aux fonctionnalités d'un vaisseau mixte, transport de sondes et vol habité, capable d'aller à la rencontre des géocroiseurs en transit, ces astéroïdes dont la trajectoire autour du Soleil croise régulièrement celle de la Terre. Concentrer nos efforts sur ceux qui répondent à certains critères, parmi les milliers d'astéroïdes d'une taille significative qui ont été répertoriés, sans écarter la possibilité d'en identifier de nouveaux, il suffit d'être au rendez-vous. Trois campagnes de prospection ont pu être menées du vivant de Lewis Farrell. Et ce fut probablement la plus grande satisfaction de sa carrière, six mois avant sa disparition, quand en avril 2061, la photographie et les caractéristiques de l'astéroïde se sont affichées à l'écran. Par sa taille et par sa composition, celles du parfait candidat, chaque élément chimique identifié dans sa pureté et sa prévalence. Le profil idéal dont on rêvait tous, celui qu'on traquait, qu'il attendait, la perle rare dont il espérait qu'elle apporterait la confirmation de son intuition, la justification de son entêtement, la preuve du bien-fondé de son entreprise. Une consécration posthume dont il s'est déroulé le film, lucide sur le fait que le moment venu, le jour de la célébration en mondovision, il ne serait plus là. Mais il a eu ce privilège avant tout le monde, de vivre intensément chaque minute de la rencontre. L'objet de sa quête, il a pu virtuellement l'arpenter, l'examiner sous tous les angles, peser chaque minerai, évaluer l'usage et la valeur de chaque métal, se projeter déjà dans son exploitation, tous les services qu'il nous rendrait. Il a surtout eu la joie de le baptiser, de faire homologuer son nom, en lui accolant l'année de sa découverte comme l'exige la nomenclature officielle, 2061 Mineas.

Voici la dernière photographie de Lewis Farrell, prise ici, à Darwin. J'avais déjà quitté la compagnie pour intégrer l'ISA. La dernière bonne photographie de lui prise dans le hall de la White Star Line, entouré par la promotion 2061 des diplômés sortis de son école de formation. À lui seul, combien de vocations ? Il regardait droit devant, désignait un futur proche ou moins proche, jetait son dévolu, ce sera ça. Pour certains, tyrannique. Capable néanmoins, de tous ceux qui travaillaient pour lui, d'obtenir des miracles. Voilà l'homme, ce qu'il nous a apporté, comme d'autres avant lui, dont nous sommes désormais dépositaires. Tous ces entrepreneurs qui nous ont précédés, dont on hésite à dire s'ils étaient des fous ou des visionnaires. On hésite. Fous, à coup sûr certains l'étaient. Visionnaires aussi, dans le constat qu'aujourd'hui, à l'évidence, certaines de leurs prophéties sont devenues réalité.

Nous sommes douze mille personnes réunies sur l'esplanade Lewis Farrell. Quatre cents kilomètres plus au sud, se dressent les pas de tir du cosmodrome de Kimberley. À Kimberley, le sol tremble. Chaque jour, des navettes atterrissent et décollent, connectent le passé minier de l'Australie au futur de l'extraction minière. L'avenir qu'il nous décrivait, nous y sommes. Il s'adressait aux jeunes générations, il leur racontait une histoire différente, la technologie à son service. Sans cette foi dans le progrès, impossible d'influencer la trajectoire. Impossible de dévier la météorite qui menace de tout éradiquer. Lewis Farrell est mort aux commandes de la White Star Line. Jusqu'au bout, il a piloté l'entreprise avec l'assurance et l'ardeur des débuts. Il n'avait plus rien à prouver, mais son appétit et sa volonté étaient intacts, insensibles au temps qui passe. L'essentiel de sa carrière d'entrepreneur était derrière lui, mais il restait l'Australien fougueux qui, à vingt ans, tournait le dos aux plages et au surf californiens pour partir dans le désert observer les étoiles. Ou alternait les deux. Sa vocation est née loin d'ici, à Guadalajara, dans un monde qui ne ressemblait pas au nôtre. Avec ce mode de vie, avec les idéologies et les contradictions de son époque, il savait faire. Il disait, deux siècles de croissance ininterrompue sur cette seule base. Il savait. À son arrivée sur le campus, les images des mégafeux diffusées partout, en provenance de la Nouvelle-Galles du Sud. Rattrapé. Dans le nord de l'État californien, quelques mois plus tard, le même embrasement, ce parallèle jusqu'au bout, cet effet de miroir. Il regardait le ciel au-dessus des flammes, la luminosité qui tombe, cette couleur orangée des jours durant, des ciels extraterrestres. L'Australie en première ligne, enrichie par son extraction et victime de son extraction. Et lui Lewis Farrell, complice de cet état de fait. Sa bonne fortune sur un sol calciné. On ne peut pas dire qu'il était indifférent, à vingt ans, qu'il ne voyait pas ce qui était en marche. L'Australie et la Californie riches et fragiles, aussi menacées l'une que l'autre. Simplement il se projetait dans l'après, le temps d'après. Quand il n'y a plus rien à brûler, qu'il fait chaud durablement partout, et pas seulement ici, sur le territoire australien. Dire qu'il ne se rendait pas compte, si bien sûr, même s'il le formulait autrement. Ce qu'il disait, répétait. A fortiori, à plus forte raison. Délocaliser là-haut ce qui pollue en bas. Qui ne déréglera là-haut aucun climat, puisqu'il n'y en a pas.

Journal de mission

7-8 février 2097

Aiko, jour 53

Qui mieux qu'elle ? Mon corps virtuel en trois dimensions, *Milena* le restitue mieux que personne, et elle le fait bouger, et il est la vie même, à ce détail près que je le traverse, un pas suffit pour les traverser, ces images de nous que *Milena* génère par jeu dans l'habitacle, confondantes de réalisme, à tel point que parfois on se trompe. Nos corps parlent et s'animent, plus vrais que nature, projetés çà et là, on se croise, on se rencontre, parfois elle nous oublie, elle nous projette et nous oublie. Qu'elle le fasse exprès ou non, ça nous oblige à reconsidérer les choses, à appréhender notre condition autrement, et d'abord la place qu'on occupe, la place de notre corps dans l'espace, singulier mais duplicable à l'infini, voilà, avec nos attitudes, nos expressions, et sans qu'on y soit pour rien.

Une soupente, un recoin, là où les enfants s'il y en avait à bord bâtiraient leur cabane, l'ossature de la coque, la matière brute et par-dessus l'épaisseur de l'isolant thermique, sans habillage, sans fioriture, puisqu'on n'est pas censés venir là. Mon corps qui s'estompe dans ses contours, si je me stabilise, si je ne bouge plus, suspendue, et mes cheveux aussi, je pourrais partir et l'oublier, oublier mon corps là où je l'ai laissé, comme le fait *Milena* de nos hologrammes, je pourrais vivre très bien comme ça, en pensée, par chance il se rappelle à moi. Je me blesse avec un cutter, je me coupe et des gouttes de sang se dispersent dans l'habitacle, le jour où Hari et Tracy se percutent dans un mauvais virage, n'importe quel mouvement brusque, un déplacement mal négocié, ce sont d'abord les mains et les avant-bras qu'on expose et nous rappellent à l'ordre, et nous ramènent à nos limites, quand on en prend trop à notre aise, en l'absence de gravité, on se fait mal et cette partie-là du corps prend toute la place ou plus rarement le plaisir. Un jour on va perdre le goût, Hari avant tous les autres et moi la dernière, parce que le goût plus que n'importe lequel de nos cinq sens est affaire culturelle, et que le fade et ses nuances, on les cultive au Japon. Certaines de nos perceptions régressent faute de stimuli, malgré les exercices censés entretenir le circuit de la récompense, quels que soient les efforts et le temps pris une fois par semaine pour bien manger, au-delà des apports nutritifs, en qualité et en variété, mais de cela aussi on se lasse, comme je me lasserai des images des plages d'Hokkaido et des bandes-son de la campagne, et pourtant on s'y astreint, pour le moment de convivialité entre nous que ça représente. Le cerveau ne s'appauvrit pas pour autant, il se transforme, il faut en passer par là, par cette étape transitoire où l'équipage mute dans l'entre-deux du voyage d'une condition à l'autre, ni tout à fait des Terriens ni tout à fait autre chose. Progressivement on anticipe mieux la force à imprimer à chaque mouvement, on évalue mieux ce qu'il faut d'élan pour la précision du geste ou la justesse de la trajectoire, le temps que les vieux réflexes se perdent et que de nouveaux les remplacent, on apprend à doser avec plus de finesse, juste ce qu'il faut de fermeté pour se sentir vivants. Le corps nous révèle un potentiel qu'il n'avait pas, qu'on pensait réservé à d'autres espèces, on expérimente des possibilités nouvelles et l'éventail est large, l'apesanteur est une source de sensations et chaque jour supplémentaire apporte son lot, on en joue, on se sent extraordinairement légers, libres, libres comme personne, c'est un cercle vertueux, on s'améliore tous les jours, et plus on s'améliore plus on y prend goût.

Helen, jour 54

J'observe Hari à l'écran qui se lève, enfile une veste et quitte sa cabine. Ses paramètres vitaux m'indiquent qu'il a mal dormi. Il s'est réveillé au milieu de la nuit. Ou plutôt, plongé comme le reste de l'équipage dans une nuit artificielle et minutée, son temps de sommeil a été interrompu. Il se laisse glisser le long de la coursive jusqu'à la sortie du module, saisit une main courante pour négocier le virage, et au lieu de rejoindre le poste de contrôle comme je m'y attendais, il plonge dans le boyau qui relie notre espace de vie au premier compartiment de fret. Sur la plage horaire dédiée au temps de sommeil, l'habitacle est maintenu dans l'obscurité, à peine rompue, comme à bord d'un sous-marin, par une lueur bleue diffuse qui permet de s'orienter. *Milena* est aux commandes, garante du respect des biorythmes. Et *Milena* est intraitable, réglée comme un mouvement astronomique. Confinés à l'intérieur d'un sous-marin, ça y ressemble, à la courbure de la coque près, c'est bien la raison pour laquelle les astronautes en formation partagent parfois la vie d'un équipage de sous-mariniers. L'espace habitable est restreint et l'aménagement sommaire, rien à voir avec la convivialité d'une base. La pièce commune fait exception. Elle a été conçue à la fois comme un espace de travail et comme un lieu de vie, puisque la distinction ici n'a plus vraiment de sens. Notre quotidien est réglé comme une vie monastique, dit Tracy, on intègre le corps des astronautes comme on entre en religion. On y parvient au terme d'un parcours long et rude qui met notre vocation à l'épreuve, qui nous confronte très tôt à ce choix exclusif, ce mode de vie préféré à tout autre et le renoncement à des passions bien terrestres qui, pour le commun des mortels qu'on est, ne va pas de soi.

On apprend à vivre sous le regard de *Milena*. Rien ne lui échappe, tout est consigné, stocké, transmis à la demande ou automatiquement, pour notre confort et notre sécurité. Elle anticipe, elle prend en charge. On a appris à vivre avec. On ne l'oublie pas, mais. Prêts à tout sacrifier, pour. Avant d'en arriver là, il y a eu des sacrifices plus grands. On intériorise le fait que chacun de nos gestes laisse une trace à l'image, nos paroles sur les enregistrements sonores, nos écrits sur le serveur. Nos paramètres et nos comportements sont suivis en temps réel, jaugés, analysés. L'individu subordonné au groupe, l'intérêt du groupe subordonné à celui supérieur de la mission, on l'accepte comme une évidence. L'individu dont *Milena*, dans sa grande intelligence, peut anticiper les défaillances, les prévenir, alerter les équipes au sol, éventuellement mettre un coéquipier sur la touche, lui retirer sa tâche, le débrancher comme elle le ferait d'une de nos machines. Le lien à la Terre, désormais si ténu, chacun y substitue d'autres attaches au quotidien. Par vocation et fierté de porter en nous quelque chose qui nous dépasse, d'apporter avec nous le meilleur de l'humanité, on veut y croire. On a été choisis, quand d'autres auraient pu l'être à notre place, à présent perdus dans l'immensité, cinq Terriens. On est forcés de bien s'entendre, de cohabiter, sélectionnés pour notre aptitude à le faire, à supporter le confinement et l'accueillir chaque matin avec le sourire, les mêmes visages chaque matin sans possibilité d'y échapper, et ça commence bien avant l'embarquement. On est un collectif comme un seul corps, artificiellement construit pour évoluer naturellement à l'équilibre. Cinq êtres humains transportés loin de leur planète d'origine pour une mission de sauvegarde, prioritaire entre toutes, et qui vaut davantage que nos cinq vies, même réunies.

International Space Agency

En l'an 1 de l'ère spatiale, les antennes du monde entier captèrent le signal radio que nous entendons, poursuivit Lee Wang. Le bip émis depuis l'espace a une fréquence rapide, proche du rythme cardiaque. Il nous émeut encore profondément aujourd'hui. Peut-être parce que l'objet est petit et que son appel strident, de là où il est, nous ramène à notre condition. Qu'on reconnaît en lui le destin qui nous est réservé. Une sphère en aluminium de cinquante-huit centimètres de diamètre, perdue dans le vide spatial. Elle a survécu à l'épreuve et s'entête à communiquer, avec ses quatre tiges émettrices qui lui donnent cette allure inimitable, toutes orientées vers l'arrière, comme sous l'effet d'un courant. Aucun autre projet dans l'histoire du spatial, par sa simplicité, par son évidence, ne bouleverse nos représentations comme celui-là. Ce jour où on l'entend sans le voir, à la une des journaux du monde entier, une fois transmise l'information qu'un lancement a eu lieu, au départ de la base secrète de Baïkonour, un lancement réussi, d'un objet propulsé à neuf cents kilomètres d'altitude. Il nous apporte la preuve qu'une étape décisive a été franchie, dans l'obsession qu'a l'être humain de s'élever toujours plus haut. Si haut que pour la première fois, l'objet n'est pas retombé. Satellisé autour de la Terre, il gravite en produisant un signal pour se faire entendre. Un signal émis par nous-mêmes et ne s'adressant qu'à nous-mêmes, les Américains comprendront le message. Le 4 octobre 1957, la mise en orbite de *Spoutnik* lance la course à l'espace. Au cours des dix années suivantes, les Soviétiques vont mener la course en tête et accumuler les exploits, avant de se faire doubler à quelques mètres de la ligne d'arrivée, le 21 juillet 1969.

Spoutnik n'ouvre pas les hostilités, il les déplace. Dès l'origine, la confrontation de deux superpuissances rivales est le principal moteur de la conquête spatiale. Les drapeaux changent mais le combat reste le même. Deux États se battent pour imposer l'hégémonie de leur modèle. Les autres nations s'affichent éventuellement dans un camp ou dans l'autre, peuvent ou non coopérer, l'essentiel du match se joue sans elles, puisqu'elles n'en fixent pas les règles. On aurait pu s'installer sur la Lune dans l'élan du programme Apollo, mais non. Le but avait été atteint, la preuve avait été faite. Au XXIe siècle, la compétition est relancée. Non plus entre la Russie et les États-Unis, mais entre les États-Unis et la Chine. Une fois encore, les enjeux sont d'abord militaires et idéologiques, avant d'être scientifiques et techniques. Mais le contexte a changé. De nouveaux acteurs ont fait leur entrée. Les premiers à avoir troublé le jeu, ce sont les entrepreneurs du New Space qui, en moins d'une décennie, parviennent à rendre certaines règles obsolètes et en fixer de nouvelles. Dans leur sillage, d'autres opérateurs vont s'imposer et conquérir une forme d'indépendance. Y compris des agences spatiales de second rang, qui pour affirmer leur présence, pour gagner en autonomie stratégique et en souveraineté, vont faire le choix de se rapprocher.

En septembre 2053, dans les coulisses du congrès de Darmstadt, le Canada, l'Australie et la Corée du Sud entérinent leur volonté d'association. Une poignée d'autres pays sont signataires du traité. C'est la naissance de l'International Space Agency. Une ville doit être choisie, parmi les trois qui se sont portées candidates, pour accueillir le siège social, les laboratoires et le centre de contrôle des opérations. Sur ce sujet et celui, presque aussi sensible, de la désignation du premier directeur général, un consensus entre

États membres a été trouvé. Darwin a été retenue. Et la Coréenne Song Min-Ji a été nommée. L'Agence spatiale internationale a ceci de particulier qu'elle n'est pas qu'un lieu de coopération entre des agences gouvernementales. Son système de gouvernance associe intérêts publics et intérêts privés. Depuis la ratification du traité, le nombre d'administrateurs a triplé autour de la table. Les pays fondateurs ont été rejoints par d'autres États, même si les grandes nations spatiales continuent à faire cavalier seul. Rapidement le cercle s'est ouvert à des industriels du secteur, incontournables pour faire aboutir les programmes les plus ambitieux. À l'exemple de la White Star Line, favorisée dans les accords de partenariat par sa proximité avec l'agence. Une proximité géographique mais pas seulement. Dès la phase de pourparlers, Lewis Farrell a contribué, au sein de la délégation australienne, à porter l'agence sur les fonts baptismaux. Plus tard, assis à la table du conseil d'administration, il est un de ceux qui ont su faire entendre leur voix, entretenir l'élan initial, maintenir l'ambition et l'ardeur des débuts. Il a toujours été favorable au processus d'élargissement, à l'intégration d'un nombre croissant d'États. Sans crainte de voir l'institution paralysée dans son fonctionnement, au contraire, il était soucieux de renforcer ses moyens d'action, d'accroître son poids et son influence. L'idéal à atteindre, on le connaît. C'est celui d'une grande agence multinationale qui les lierait et les unirait toutes, à laquelle contribueraient toutes les agences gouvernementales sans exception. On n'en est pas encore là, les obstacles politiques sont nombreux. Mais il est bon que cet idéal existe. En matière de coopération spatiale, l'échelle planétaire est la seule véritablement pertinente, répétait Lewis Farrell. En attendant de voir cet espoir se réaliser, il s'est engagé en faveur d'une coopération de plus en plus étroite entre la White Star Line et l'ISA. Un partenariat facilité par la proximité et la complicité des équipes, d'une moyenne d'âge et d'une diversité d'origines comparables. Sans aller jusqu'à appliquer le principe des vases communicants. On sait que Lewis Farrell veillait jalousement sur ses effectifs. Il pouvait vous encourager à partir, mais si vous en preniez vous-même l'initiative, il n'appréciait pas cette forme de trahison.

Quatre personnalités se sont succédé à la tête de l'ISA, nommées pour un mandat de sept ans non renouvelable. À chaque changement de direction, plusieurs candidats sont entendus. Ceux qui postulent à la fonction comme je l'ai fait, doivent défendre une vision, tout en rassurant le conseil d'administration sur la capacité qu'ils auront à endosser le bilan des mandats précédents, soutenir les programmes en cours, faire aboutir les plus avancés. Je voudrais rendre hommage à celles et ceux qui m'ont précédé, qui à la fois ont pris en charge un héritage et se sont préoccupés d'en constituer un. Assumer la direction de l'ISA, c'est accepter cette nécessité d'une continuité d'un mandat à l'autre, d'une fidélité aux grandes orientations prises par nos prédécesseurs, à l'heure où des projets arrivent à échéance, savoir assurer leur succès, mais aussi préparer l'avenir, anticiper et semer des graines, arroser les jeunes pousses qui constitueront les forêts de demain.

Les programmes spatiaux s'ancrent sur des temps longs, entre l'idée de départ et la fin de la mission, les durées sont incompressibles et peuvent se chiffrer en décennies. Parfois une carrière entière y est consacrée. Imaginer, développer, faire aboutir un programme spatial n'est pas compatible avec une perspective à court terme. J'ai intégré l'Agence spatiale internationale en novembre 2060. J'ai rejoint le laboratoire propulsion du département des Technologies avancées, que dirigeait le physicien Sandeep Rajbhar. Je n'avais que quelques mois d'ancienneté quand le programme Sister-ship a été lancé. Et c'est à moi, vingt ans plus tard, qu'incombe la responsabilité de superviser la phase finale. Sandeep Rajbhar restera une des figures historiques les plus respectées de l'agence. Il a renforcé le pôle innovation, attiré des talents, impulsé un nombre record de projets, revisitant le design des lanceurs, des capsules, l'ergonomie des habitacles. Mais la grande affaire de sa vie a été d'améliorer la motorisation des vaisseaux. Plusieurs années d'une gestion combative et ambitieuse ont permis d'élever l'agence au niveau des grands centres de recherche dans le domaine. Ce n'était pas d'en dresser le bilan qui l'intéressait au moment de transmettre le flambeau, quand il s'est adressé à nous à la veille de prendre sa retraite, mais de nous projeter vers l'avenir. La priorité de Sandeep Rajbhar a toujours été d'étendre le rayon d'action des vols habités. Et ça, dès ses débuts à la tête du département. On franchit une étape décisive dans l'exploration spatiale grâce à des missions robotisées, mais on enchaîne très vite. Tel était son credo. Les robots défrichent, ouvrent la voie, les humains suivent de près. L'enjeu des efforts de coopération et de recherche : innover en matière de propulsion. Mettre les progrès les plus récents au service du plus grand nombre, des lignes de transport compatibles avec le rêve humain. Que ce rêve n'achoppe pas sur un aller simple. Trop d'années sont nécessaires pour atteindre une destination et en revenir. Si on veut espérer pouvoir circuler librement à l'intérieur des limites du Système solaire, et pourquoi pas pousser plus loin, si on veut rendre les distances acceptables, il faut élever notre vitesse à la seule proportion qui vaille, à la seule fraction pertinente, un pourcentage significatif de la célérité, ne serait-ce que *un* pour cent de la vitesse de la lumière. Ce que l'on sait faire depuis longtemps, mais pour des faibles masses. La motorisation est le nerf de la guerre, répétait Sandeep Rajbhar. À chacun son obsession. Celle de Lewis Farrell était d'échapper à la contrainte d'un stock limité de ressources. Innover en matière de propulsion n'a pas été sa priorité. Il a jeté toutes ses forces dans une autre bataille. Elle l'était pour Sandeep Rajbhar. Il pointait ce paradoxe que depuis *Spoutnik*, des progrès prodigieux avaient été accomplis dans tous les domaines de l'astronautique à une exception près, et pas des moindres. Les techniques de propulsion, capables de nous transporter sur la Lune ou sur Mars, sont restées sensiblement les mêmes. Augmenter la puissance des moteurs au décollage, oui, on sait faire. Mais toujours selon le même principe d'un mélange de gaz inflammables, des fusées à propulsion chimique, comburant-carburant. Une technologie simple dans son principe mais coûteuse en énergie, qui nécessite d'embarquer d'énormes réservoirs d'ergols et limite notre rayon d'action.

Rapprocher Mars de la Terre, rendre Jupiter et Saturne accessibles au transport habité, et pour cela augmenter notre vitesse de déplacement, c'est possible. Une telle révolution est à notre portée, prédisaient les spécialistes du moteur à plasma, puisque la technologie existe, qu'elle a déjà fait ses preuves pour les sondes ou les satellites de petite taille. Cette technologie appliquée à la motorisation des vaisseaux, on la maîtrise enfin. Les physiciens et les ingénieurs se sont attelés à la tâche. Focalisée tout entière, la communauté spatiale l'a été, tendue vers un seul but. On connaissait le principe d'une accélération sans fin. Dans le vide spatial qui n'oppose aucune résistance, qui n'impose aucun frottement. Sous la poussée des moteurs à plasma, on savait que la seule limite était une asymptote, qu'à supposer qu'on puisse frôler la vitesse de la lumière, on n'irait pas plus loin. Il nous reste du chemin à faire, néanmoins, parce qu'une technologie a pris le pas sur une autre, la propulsion ionique sur le moteur thermique, on a changé d'échelle. Saturne devient accessible en moins de six mois et Mars en moins de quatre semaines.

Cette recherche m'a passionné. En début de carrière, le reste m'intéressait peu, quel usage les industriels en feraient, de ce que je pouvais contribuer à développer, entre les murs d'un bureau d'études. La propulsion ionique, encore balbutiante, mais le principe était là. Elle ne valait rien pour s'arracher au puits de la gravité terrestre. Rien ne vaut la chimie, la puissance de la chimie a fait ses preuves, un carburant qui brûle, un comburant pour faire brûler. Mais une fois cette étape franchie, il nous faut autre chose, une technologie adaptée au vide spatial et aux longues distances. Au point, ces distances, de les exprimer en unités de temps, ce que l'on fait systématiquement quand elles s'allongent. Depuis la création de la White Star Line, du chemin a été parcouru. Le progrès a redessiné la carte du Système solaire, modifié les échelles, transformé sa géographie. Les pionniers ont dû décoller de Cap Canaveral, arracher un vaisseau entier à la gravité terrestre, objectif Mars et retour, trois ans plus tard, au même endroit. Aujourd'hui on procède autrement. Les vaisseaux sont assemblés en orbite et de petites navettes font la liaison depuis la Terre. Au début du voyage, plusieurs semaines d'accélération sont nécessaires avant d'atteindre un plateau et une fraction de la célérité. Ensuite le vaisseau poursuit sa course, à vitesse constante.

Journal de mission

20 février 2097

Aiko, jour 66

Pour peu qu'on nous offre le choix, on avait tous une bonne raison de privilégier cette mission, de renoncer à Mars, de partir vers Titan. Pour une planétologue et géochimiste comme moi, la question est facile à trancher, les arguments scientifiques faciles à trouver, puisqu'il n'y a pas de cycle liquide sur Mars, alors qu'il y en a un sur Titan, comparable sur Terre au cycle de l'eau. Des dépressions qui s'apparentent à des mers et des centaines de lacs, on en trouve, ainsi qu'une évaporation quand les températures montent, une condensation en altitude, des nuages, de la pluie, des hivers, des étés, certes étonnamment longs, étonnamment froids, mais quand même, une véritable atmosphère, qui protège des radiations. Qui peut préférer vivre sous terre plutôt qu'en surface? Dès lors qu'évoluer et respirer à l'air libre, il faut y renoncer, dans un cas comme dans l'autre. Mais entre le scaphandre pressurisé qu'on endosse sur Mars et la combinaison thermique qui épouse nos mouvements, le choix est facile à faire. La gravité sur Titan est comparable à la gravité de la Lune, on a déjà marché sur la Lune, on sait à quoi s'attendre. Et des masses d'air circulent d'un hémisphère à l'autre, on peut les étudier. Et si la survie en surface est impossible sans assistance, aucun gaz toxique n'entre dans la composition de l'air, aucun nuage d'acide sulfurique ne nous menace comme sur Vénus, c'est déjà ça. Toucher du doigt son rêve, l'approcher, un jour poser son pied dessus. Ce jour-là, à chaque pas, se poser légitimement la question, si on en est sorti. Du rêve à la réalité, un réajustement que les années de formation et d'exercices virtuels perturbent, nous qui avons passé des milliers d'heures à éduquer notre cerveau et développer nos réflexes, des milliers d'heures d'entraînement à faire comme si. Le jour J, dont on s'est repassé si souvent le film, il faudra traverser le miroir, réintégrer le réel. Au jour du premier contact, se le dire et se le répéter, en interrogeant nos sens, en convoquant et mobilisant toutes nos perceptions, non, je ne rêve pas. Ce jour-là, celui des premiers pas, côte à côte, à se regarder, à échanger sur le canal radio, le bonheur décuplé par le fait d'être réunis pour partager un moment historique, lire la même émotion sur le visage de nos coéquipiers et savoir qu'il n'existe aucun équivalent, aucun précédent pour aucun d'entre nous, aucune expérience dans nos vies antérieures aussi chargée d'émotion et d'enjeu que celle-là.

Helen, jour 66

L'équipage a l'habitude de se retrouver dans la salle commune à la pause de la mi-journée. Il est possible que l'un d'entre nous manque à l'appel, retenu par la tâche qu'il doit terminer, mais ce n'est pas le cas aujourd'hui. Viktor a fini de manger, Tracy vient de commencer, Hari se repose. On peut avoir besoin de se vider la tête ou de rester concentré, l'objectif n'est pas forcément de multiplier les échanges, la présence des autres suffit.

Il a fallu s'habituer à la personnalité de chacun. Cinq membres d'équipage, cinq individualités, mais d'Aiko à Viktor, de Tracy à Hari, davantage de points communs que de différences, des traits de caractère repérables chez nous tous, à ce niveau-là de préparation, un profil type qui dépasse les frontières, les clivages culturels ou les domaines d'expertise. Ce profil a montré son efficacité, éprouvé par un siècle et demi d'exploration spatiale, quand il s'agit de constituer un équipage. Avec par chance des nuances, c'est vrai. Une version contenue, maîtrisée, de l'uniformité. Par souci de complémentarité mais pas seulement. Quelques aspérités, une couleur propre à chaque tempérament, mais toujours à l'intérieur du cadre, et le cadre est étroit. On le constate à chaque nouvelle campagne de recrutement, rapidement les exigences de la mission prennent le dessus, nivellent les attentes et les comportements. Pas tout à fait autant de clones qu'il y a de fonctions à pourvoir, mais il s'en faut de peu. Un candidat idéal émerge au fil de la procédure, une sorte de portrait-robot décliné en plusieurs exemplaires, on tend vers ça. Quelques traits singuliers, mais d'abord des invariants, la satisfaction de critères incontournables. La stabilité en est un. Une stabilité de l'humeur chez nous tous, comme critère décisif, discriminant, impossible sur une mission aussi longue de faire autrement.

Dans ce domaine-là, l'IA a fait ses preuves, dès qu'il s'agit de bâtir un collectif qui soit autre chose qu'une somme d'individualités. Elle est efficace quand l'objectif est de former un équipage le plus homogène possible. Quelques minutes suffisent pour compiler les données des missions précédentes, analyser la complémentarité des compétences, la compatibilité des caractères, les affinités ou les inimitiés, brasser le tout, le passer à la moulinette des algorithmes qui nous connaissent mieux que personne. Il en ressort une liste optimisée de quelques noms, qui pourra être aménagée à la marge. Sur des missions de courte durée, le procédé favorise une harmonie spontanée au sein du groupe, le retour d'expérience l'a prouvé. Mais à plus long terme, sur des missions comme la nôtre ? Quatre ans d'isolement complet, à plus d'un milliard de kilomètres de la Terre ? On ne sait pas. Au départ, l'entente facilitée, immédiate, l'évidence de la complicité entre des personnalités qui se ressemblent, et après ? Selon toute probabilité, une forme d'évitement, la réduction des interactions, par habitude ou par un excès de prévisibilité, une forme de retrait.

Au fond de la salle, la silhouette longiligne d'Hari essaie de conserver sa position de repos, les yeux fermés, les bras croisés, le corps traversé de légers mouvements, au rythme de la musique qu'il écoute. Devant lui, les reflets irisés des alevins montent et descendent dans la colonne d'eau qui nous sert de pouponnière. L'IA n'a plus rien à prouver en tant qu'outil d'aide à la sélection. Dans la phase finale du recrutement, une IA aurait témoigné de moins d'indulgence que les responsables du programme. Le fait est que ce n'est pas la procédure qui a été retenue. Un jury a été constitué en interne. Après six mois de consultations, une liste de vingt noms a été rendue publique, de quoi former en théorie quatre équipages.

Plusieurs combinaisons possibles ont été testées en situation réelle pendant deux ans. Jusqu'à ce que les tout derniers arbitrages soient rendus, aucun d'entre nous n'était sûr de partir. Cinq titulaires, cinq réservistes. L'aventure commence là, le jour de la conférence de presse, assis en rang serré derrière la table, tandis que nos portraits officiels s'affichent en gros plan derrière nous.

2061 Mineas

Quand les organisateurs m'ont proposé d'intervenir en clôture de cette 133e édition du Congrès d'astronautique, je me suis souvenu de celle qui s'est acquittée de la tâche à Bangalore, poursuivit Lee Wang. Svetlana Ivanova aurait pu décliner l'invitation quand la date et la durée de la phase d'approche ont été rendues publiques, quand il n'a plus fait de doute que la cérémonie de clôture de la 124e édition coïnciderait avec un événement majeur, vers lequel toute l'attention allait se focaliser. Elle aurait pu renoncer, demander un report de son intervention, ou bien se désister au dernier moment sous un prétexte ou un autre, elle aurait pu, mais elle ne l'a pas fait. On conserve l'enregistrement du discours qu'elle a prononcé et qui a marqué les consciences, au-delà des rangs clairsemés ce soir-là. Quel événement astronomique, de portée historique, pouvait compromettre l'engouement que suscite traditionnellement la conférence de clôture, moins technique, plus œcuménique, politique voire polémique, qui draine au-delà des experts du spatial ? Quel spectacle a vidé les terrasses et les balcons la nuit venue, sauf pour ceux qui ont un télescope et l'ont pointé dessus ? La vedette du feuilleton à rebondissements cette année-là, capable d'enthousiasmer la Terre entière par son épilogue heureux et les perspectives qu'elle ouvrait, a pour nom 2061 Mineas. Et c'est par là, comme on l'entendra tout à l'heure dans une archive, que Svetlana Ivanova a démarré son intervention, par une référence à l'actualité.

Apprendre à les détourner pour prévenir tout risque de collision avec la Terre ne nous a pas suffi. On ne détourne pas la vue d'un filon. Savoir les intercepter, les capturer, les rapprocher des coordonnées de Lagrange qui en facilitent l'exploration, une poignée d'industriels y ont cru et l'ont fait. Sélectionner les bons candidats, les poursuivre, se poser dessus, prélever des échantillons, c'était une mise en jambes. Pour que leur exploitation soit rentable, il a fallu apprendre à les propulser ou à les tracter. On a testé différentes méthodes, sous la pression des investisseurs, un seul but : les ramener à proximité, aussi près que possible de nos bases lunaires. La Terre avait sa lune. Et désormais notre Lune a la sienne. Après avoir été dévié de sa trajectoire et piloté jusqu'à nous, au terme d'une année de périple, à quelques heures de son entrée dans le champ d'attraction lunaire, tous les regards sont tournés vers lui. L'astéroïde géocroiseur 2061 Mineas. Au soir du 7 juin 2073, partout à travers le monde, on se rassemble devant des écrans géants pour suivre en direct sa phase d'approche et communier à l'unisson, comme trop rarement l'occasion nous en est donnée, d'un événement fédérateur à l'échelle de la planète. Chaque étape majeure de l'aventure spatiale en est une, et ce moment-là tout particulièrement, à partager, où après des décennies de rationnement, l'humanité accède enfin à de nouvelles sources de matières premières. Un approvisionnement certes limité, circonscrit au périmètre de Mineas. Mais des astéroïdes de cette qualité sont innombrables et la ressource renouvelable à l'infini.

Une mine à ciel ouvert, mise à disposition. Mineas et ses cinq cents mètres de diamètre, promis à une exploitation minutieuse, exhaustive, jusqu'à ce qu'il n'en reste rien. Les avis étaient partagés. À présent l'enthousiasme est général. Un dépeçage minutieux, réfléchi. Les avis divergeaient au début, quand les budgets de financement ont été votés. Pour intervenir sur son orbite, le dérouter, le capturer, lui faire prendre le chemin d'un compagnonnage réussi, un satellite de notre Lune. Lui et ses millions de tonnes de fer, de cobalt, de nickel, aluminium, titane, manganèse, la liste est longue et nos comptables incrédules, de disposer ainsi du filon à un jet de pierre, pour ne parler que des métaux ou des minerais qui nous intéressent directement. Une mine en orbite au-dessus de nos futures usines, il n'y a plus qu'à creuser. Elle offrira aux opérateurs installés sur le sol lunaire une indépendance au moindre coût. À un jet de pierre, plutôt que des convois qu'il faudrait acheminer depuis la ceinture d'astéroïdes jusqu'ici.

Il fut un temps où on l'a délaissée. On oublie à quel point. Aujourd'hui, elle est un prolongement de nous-mêmes, un satellite négligeable de notre biosphère mais un territoire majeur de notre modèle industriel. On va et vient pour y faire quotidiennement ce qu'on a à y faire, on la rejoint plus facilement qu'on rejoignait l'Australie au départ de l'Europe au XIXe siècle, en un temps plus court et avec moins de risques. On y travaille, on y construit. Elle est devenue une plaque tournante, une pièce maîtresse de nos échanges interplanétaires. À présent qu'elle élargit les rêves d'exploration, qu'elle en repousse les limites, on oublie qu'après le programme Apollo, on s'est détournés d'elle. Elle n'intéressait plus. Y aller, en revenir, on savait faire. Explorer sa face cachée, les robots s'en chargeaient très bien sans nous. On a perdu du temps, mais la colonisation de la Lune est entrée dans une nouvelle phase. Mineas est un banc d'essai, un terrain d'exercice. On travaille pour affiner les procédés d'extraction, perfectionner les technologies qui existent déjà et en inventer de nouvelles, plus sûres et plus efficaces, adaptées aux contraintes du vide spatial. Bientôt les ressources de Mineas alimenteront nos usines. Et de ces usines, installées sur le sol lunaire, sortiront nos vaisseaux. Cela peut prendre du temps, quelques décennies, mais l'objectif est à notre portée et on finira par l'atteindre.

Un jour, prédisaient les promoteurs du New Space, nos capacités à voyager seront démultipliées. Le jour où le goulot d'étranglement sautera, que constitue l'approvisionnement des bases lunaires en ressources non disponibles localement, c'est-à-dire à peu près toutes, sauf le régolithe et la glace d'eau. Le jour où la Lune ne dépendra plus de la Terre. Le jour où la Lune aura sa propre lune, une corne d'abondance, ouvrant des horizons nouveaux, libérant l'industrie des contraintes terrestres. Le jour où la Lune sera autosuffisante. Alors ce jour-là, les coûts de fabrication des vaisseaux s'effondreront.

Le programme Sister-ship est un héritage de cette pratique qu'avaient les chantiers navals de dupliquer en plusieurs exemplaires certaines grosses unités, un cuirassé, un paquebot, au lieu de se contenter d'un seul. Construire deux ou trois navires à l'identique, à quelques détails près d'aménagement, des jumeaux, des bateaux frères, mais c'est l'anglais qui s'est imposé dans toutes les langues et avec lui le genre féminin du mot. Mettre à profit les plans de forme et les outillages conçus pour le prototype, étendre le savoir-faire à une série limitée. Trop grands, trop lourds pour être arrachés à l'attraction terrestre, on les assemble là-haut. Ce qui se fait de mieux. Le jour où la White Star Line passe commande aux chantiers de Tianjin, on n'a jamais vu ça, une telle ambition, un tel tonnage, autant de matière à transformer, jusqu'à l'outillage, il faut tout repenser. Près de trois cents mètres de long. Non pas un, ni deux, mais trois. Dans l'ordre de construction, le *Titanic*, l'*Olympic* et le *Gigantic*. Le même en trois exemplaires, trois monuments. La White Star Line a décié d'armer le *Gigantic* pour ses propres missions d'exploration.

En astronautique comme dans d'autres domaines, le progrès n'est pas un processus linéaire. On quitte un cycle pour entrer dans un autre. À un âge d'or succède une période de relative stagnation. Il en est ainsi depuis les débuts de la conquête spatiale. Une phase de consolidation, parfois d'immobilisme, prend le relais des politiques volontaristes qui ont précédé. Chaque fois, les défis à relever sont considérables et la mise en œuvre s'ancre sur un temps long, quelles que soient les avancées technologiques. Les délais n'ont pas été raccourcis, car nos ambitions progressent au même rythme, excèdent toujours nos compétences du moment. Cet avantage évolutif qui nous distingue des autres espèces, nous les *Homo sapiens*, à défaut de sagesse, c'est ça, le désir irrépressible de dépasser ce que l'on sait faire et ce que l'on connaît. Que le progrès suive une trajectoire exponentielle n'y change rien, car nos ambitions suivent la même courbe, pas de répit sur ce front-là. Grands sont nos défis à proportion des moyens dont on dispose, toujours un cran au-dessus par définition, se lancer un défi c'est ça, devoir dépasser les solutions existantes, avoir l'obligation d'en inventer de nouvelles. La conquête spatiale s'est d'abord faite dans la proche banlieue de la Terre, puis dans sa banlieue lointaine. Partout les robots nous ont précédés. Mais il a bien fallu lâcher la rampe un jour et faire nos premiers pas, accepter de se lancer, d'aller y voir de plus près. D'abord sans trop s'éloigner, en la gardant dans notre champ de vision, puis radicalement, accepter de la perdre de vue. La Terre est notre berceau, en grandissant on s'y sent à l'étroit. L'homme devenu adulte circule librement, aidé de tout cet accastillage mis au point pour sécuriser les manœuvres sur le pont des bateaux, les lignes de vie, les mousquetons, les mains courantes, qui a été repris plus tard par les ingénieurs de l'aérospatiale pour assurer nos sorties extravéhiculaires. L'humanité devenue adulte, en quittant son abri, abandonne sans nostalgie les grandes étendues d'eau liquide dans lesquelles elle baignait et leur douceur amniotique. Tant qu'on restera cantonnés au Système solaire, l'eau à l'état de vapeur, l'eau à l'état solide, oui, on en trouvera. Mais quant à croiser une étendue liquide ailleurs que sur Terre, non, ailleurs ce n'est pas de l'eau.

Journal de mission

3-5 mars 2097

Tracy, jour 77

La piste d'atterrissage vient d'être prolongée par une bretelle pour faciliter le déchargement des soutes. Depuis 1969, les missions habitées atterrissent sur des objets telluriques. La Lune et Mars sont des objets telluriques, leur surface est rocheuse. En l'absence d'une véritable atmosphère, sans portance aérodynamique, la seule option est d'atterrir verticalement, aidés par les rétrofusées. Ce qui est nettement plus facile sur la roche que sur la glace. Avec Titan, le schéma s'inverse. Les navettes des vaisseaux doivent répondre à un autre cahier des charges. On a affaire à un corps non pas rocheux mais glacé, entouré d'une atmosphère épaisse. Les manœuvres aériennes sont facilitées par une gravité six fois plus faible que sur Terre. Et un air quatre fois plus dense. De gros avions-cargos aux lignes dénaturées, voilà à quoi ressemblent nos navettes, leurs ailerons taillés comme des nageoires, plus proches des cétacés que des oiseaux. À quinze heures UTC, la navette du *Titanic* achève sa rotation. Le transbordement peut commencer. On surveille la manœuvre à distance. On en délègue le pilotage car les délais de transmission vers Titan sont encore trop longs. Une fois l'*Olympic* en orbite, on reprendra la main. L'ordinateur de bord du *Titanic* est une copie de *Milena*. Depuis l'arrivée des engins en surface, c'est lui le chef de chantier.

Aiko, jour 78

On avait appris à le faire pendant nos stages de survie selon la technique de l'igloo mais ce sont les machines qui les construisent, on voit s'élever les murs à distance au lieu de nous atteler nous-mêmes à la tâche en arrivant. Des blocs préalablement débités ont été disposés ce matin à la périphérie d'un décaissement circulaire, et à présent deux engins s'appliquent à les juxtaposer avec précision, en respectant une légère pente ascendante d'un bloc à l'autre, de sorte que les blocs s'empilent à chaque nouveau rang dans une spirale continue et progressivement la silhouette prend forme de la station de pompage sur la rive du lac, un tour après l'autre le dôme s'élève dans un mouvement lent mais ininterrompu d'un mur de roche taillée qui s'enroule en colimaçon autour d'un axe imaginaire jusqu'à la clef de voûte, avec cette ultime contrainte pour l'engin qui s'acquittera de la tâche de poser la dernière pierre, du déport de sa flèche et de sa hauteur maximum de levage.

De manière générale, nos robots sont de conception robuste, endurants et faciles à réparer. Une ébauche rustique des formes complexes et sophistiquées du règne animal à qui une trouvaille a été empruntée, une innovation majeure ou un résultat secondaire, par application du principe selon lequel on aurait tort de perdre du temps à réinventer ce qui l'a déjà été, faire la même chose en moins bien, certes avec méthode mais sans les outils dont dispose la nature, ce pragmatisme dans l'arbitrage entre des voies hasardeuses que lui donne le recul de millions d'années d'évolution pour tester et affiner ses choix, jusqu'à atteindre une parfaite adaptation, une perfection qu'on serait incapables de reproduire, inimitable dans la globalité d'un système, mais dont on peut sur tel ou tel point précis s'inspirer. On les regarde évoluer, travailler, parfaitement conçus et adaptés à leur environnement. En couples, en cohortes, en essaims, on admire leur parfaite intégration dans le paysage, comme s'ils étaient les derniers représentants d'une faune endémique en voie d'extinction, descendus des basses latitudes de Titan vers une zone refuge. Avant même qu'un œil humain se pose sur les traces toutes fraîches laissées par nos semelles sur le sol meuble, ils sont là, ils colonisent cette terre avant nous.

Helen, jour 79

Ce matin, Viktor et moi, on est entrés en zone de fret. L'erreur est humaine et les pannes sont mécaniques, c'est ce qui nous rapproche, nous les humains, des non-humains et des machines. Le cerveau de *Milena*, lui, ne tombe jamais en panne et ne fait pas d'erreur. Sur la question de la préservation des génomes, deux voies sont possibles, la numérisation ou la conservation physique, sachant que les deux procédés ne sont pas exclusifs l'un de l'autre. Cinquante-trois cuves d'azote liquide sont stockées dans le plus grand des compartiments de fret. Bien que la cargaison soit bardée de capteurs, le protocole nous impose de vérifier visuellement l'état des cuves. Une fois par semaine, on se constitue en binôme et on s'équipe pour une visite d'inspection. Le vaisseau est entièrement pressurisé et ventilé. Sa température est régulée et la zone de fret ne fait pas exception, il y fait juste beaucoup plus froid qu'ailleurs. Avant de pénétrer dans le sas, on enfile la tenue qui a été conçue pour nos sorties extravéhiculaires sur Titan, beaucoup plus souple et légère que les scaphandres prévus pour nos sorties extravéhiculaires dans l'espace. Contrairement à Titan, l'air dans la zone de fret est respirable. D'ailleurs la qualité de l'air est un indicateur du bon état des cuves. Sur Terre ou en soute, l'azote s'évapore, quelle que soit l'épaisseur des joints. Lentement, au fil des semaines et des mois, comme le vin dans les barriques, on complète, on injecte pour compenser la perte et maintenir la pression. Une fuite massive ferait grimper la quantité d'azote dans l'air. Et mécaniquement, ferait diminuer le taux d'oxygène.

Donc une fois par semaine, Viktor et moi, on intervient en binôme, on endosse notre équipement avant d'entrer dans la zone de fret. Au moment où le sas se referme derrière nous, l'intensité de l'éclairage augmente. La blancheur aveuglante des cuves entre en vibration on dirait, opère une dilatation des volumes, cela dure quelques minutes, le temps que nos yeux s'habituent. Les cuves remplissent le compartiment sur les deux tiers de sa hauteur, aussi imposantes que des citernes qu'elles ne sont pas, puisqu'on ne prélève rien, au contraire. On flotte côte à côte, Viktor et moi, en progressant dans l'allée centrale, on avance de front pour un premier tour d'inspection, lentement, assurés par les mains courantes. Vingt-six cuves à droite et autant à gauche. Le protocole prévoit de vérifier l'ancrage, les fixations, l'alimentation, le niveau des jauges, les paramètres de pression et de température, au total dix-huit points de contrôle par cuve. On déroule la procédure, rodés, dans des gestes réflexes, sans accroc, donc exactement au même rythme. Un vrai numéro de duettiste du point de vue d'Hari, assis derrière son pupitre de contrôle, qui surveille et nous assiste si besoin. Au total cinquante-deux cuves, plus une, surnuméraire. Cinquante-deux cuves de grand gabarit et au bout de la travée, nettement plus petite en diamètre mais juchée sur un piédestal, la cuve 53. Celle qui aurait pu être ou ne pas être, comme la qualifie Viktor. Il exprime par là un sentiment répandu, puisque sur le plan éthique, il n'y avait pas d'évidence à l'embarquer. On progresse tous les deux, nos regards se posent avec un intérêt égal, on chérit chacune des cuves, peut-être un peu moins celle-là, ça dépend de nos convictions personnelles. Au-delà de l'unanimité qu'il faut afficher, chacun a le droit, en conscience, de se forger sa propre opinion. Si ça ne tenait qu'à moi, dit Viktor en riant quand on l'interroge, on l'aurait vidée depuis longtemps. Placée comme elle l'est, filmée comme elle l'est, au centre des préoccupations de l'agence, l'objet de toutes nos attentions, la cuve 53, on le sait, c'est aussi de la mise en scène. C'est bon pour la photo officielle. Il n'empêche, elle existe, et notre mission est claire à son sujet.

Svetlana Ivanova

La cérémonie de clôture du congrès de Bangalore, chacun en convient, a été occultée par un épisode dont l'importance et les enjeux débordent largement la communauté scientifique, intéressent l'humanité entière. Un événement que l'astrobiologiste Svetlana Ivanova qualifie elle-même, dans l'extrait que l'on vient d'entendre, de tournant décisif dans l'histoire de la conquête spatiale. Le soir de son intervention, elle est arrivée avec une volonté décuplée et la ferme intention d'être au rendez-vous elle aussi, un peu à contre-courant, à rebours de l'enthousiasme généralisé ce jour-là, dans le temple de l'astronautique, à l'épicentre des ambitions spatiales, la seule petite note discordante. Au rendez-vous de l'histoire, mais pas tout à fait sur le terrain où on l'attendait. Affirmant une pensée libre, elle profite de la tribune qui lui est offerte. Puisque le Congrès d'astronautique, c'est aussi ça, depuis sa première édition à Paris en 1950, une formidable caisse de résonance. La mise en orbite de Mineas, elle en convient, à l'égal du premier pas de l'homme sur la Lune ou sur Mars, restera dans l'histoire. L'événement était attendu. La manœuvre d'approche, d'une réelle beauté, d'une grande complexité derrière sa fluidité apparente, représentait un défi énorme. Que l'on soit pour ou contre, chacun s'accorde au moins sur ce point. Le défi était immense et le succès à proportion. Ce jour du 7 juin 2073, où les images ont fait le tour du monde.

Certains d'entre vous étaient présents à Bangalore et s'en souviennent. Quand Svetlana Ivanova s'est avancée sur le devant de la scène, s'est arrêtée, a fait le calcul mentalement, a constaté que presque la moitié de la jauge de la salle avait été atteinte et s'en est félicitée. Elle a remercié le public d'être là puis elle s'est présentée. Une grande dame de l'astrobiologie qui s'est intéressée aux formes du vivant partout où le vivant s'accommode des conditions extrêmes. Elle nous rappelle l'origine extraterrestre de la vie. Peu d'entre nous sont aussi bien placés qu'elle pour le faire. Elle a commencé ses recherches sous une pluie de météorites, au temps du Grand Bombardement, occupée à étudier leur rôle dans l'émergence d'une vie sur Terre. Elle ne cache pas qu'elle est hostile par principe à leur exploitation et qu'elle préférerait qu'on évite de les dérouter de leur trajectoire naturelle. À l'époque, respectée dans la communauté scientifique, elle est encore peu connue du grand public. Une occasion lui est donnée, elle s'en empare, avec le souci d'élargir le débat, d'ouvrir la fenêtre sur une autre urgence. Ce n'est pas en astrobiologiste qu'elle s'adresse à son auditoire. Ce n'est pas de vie extraterrestre qu'elle est venue lui parler, passée ou future, mais de préservation des espèces existantes. C'est en ces termes qu'elle introduit son intervention, sans chercher à minimiser l'exploit technologique, sans contester le fait qu'une révolution est en marche. Son propos est ailleurs. Elle déplace les problématiques pour se projeter dans l'après, l'étape d'après. Remettant l'humain à sa juste place, selon elle, une place qu'il n'aurait jamais dû quitter.

On connaît les travaux de Svetlana Ivanova, les publications qui ont fait sa réputation. Ils ne sont que la partie émergée d'une entreprise plus vaste et collective, fruit d'une longue collaboration entre les agences russe, japonaise et européenne, qui a permis aux équipes de son laboratoire de se hisser au premier rang de la recherche en agronomie spatiale. Elle a travaillé chez Roscosmos à la sélection des végétaux les mieux placés pour assurer l'autonomie et la sécurité alimentaire des astronautes sur des missions de longue durée. Mais on a reproduit en milieu extraterrestre, nous dit-elle, les mêmes erreurs qu'ici. Quelles leçons pouvons-nous en tirer, que nous enseigne l'agriculture spatiale ? Tous ces écosystèmes reconstitués qui tournent en circuit fermé ? Que dans un environnement artificiel, aussi parfaitement conçu soit-il et sous contrôle, tout va pour le mieux jusqu'à ce que tout déraille. Nos plantes soigneusement sélectionnées, nourries, éclairées, chauffées de façon optimale, quelle est leur faiblesse ? Précisément la régularité, la constance des paramètres, la stabilité du milieu les affaiblit. Au moindre incident, un défaut de lumière, un stress hydrique, à l'arrivée d'un parasite, on peut perdre une récolte en quelques jours et anéantir des mois d'efforts. On est confrontés là-haut, dans nos bassins aquacoles, dans nos serres ou sur les étagères de nos cultures hors-sol, à plus petite échelle mais en accéléré, au même problème qu'ici. Les plantes génétiquement modifiées s'adaptent bien à l'environnement spatial, on peut créer pour chaque espèce un profil idéal, mais au fil du temps une érosion s'installe, une dégradation de la qualité des gènes.

Le premier historiquement à avoir compris ça, nous rappelle Svetlana Ivanova, c'est le botaniste russe Nikolaï Vavilov. Il a parcouru le monde dans les années 1910, étudié quantité d'espèces cultivables, des plantes domestiquées et leurs cousines restées sauvages. Passionné par les variétés locales, il s'est aventuré sous toutes les latitudes, poussant toujours plus loin ses expéditions, dans les profondes vallées d'Afghanistan, au fin fond du Chiapas, sur les hauts plateaux andins ou d'Abyssinie, et jusqu'aux rives du Yangtsé. Partout il a tissé des liens et organisé un réseau de collecte. Des milliers de colis de plants et de semences ont été expédiés vers la Russie. Pour pouvoir entreposer les spécimens récoltés et les constituer en collections, un institut a été fondé à Saint-Pétersbourg, en 1921, qui porte aujourd'hui son nom. Il nous faut retrouver l'esprit de Nikolaï Vavilov, affirme Svetlana Ivanova, renouer avec sa vision. S'inspirer de sa démarche, réhabiliter dans l'espace des variétés anciennes, entreposées quelque part sur Terre mais oubliées. S'appuyer sur leur patrimoine génétique pour régénérer nos cultures. La diversité augmente la robustesse. Là-haut comme ici, et probablement là-haut encore plus qu'ici, la diversité prévient les catastrophes.

L'arrivée de Mineas coïncide avec un changement de trajectoire dans sa vie, le moment où elle décide de faire évoluer sa carrière. Préoccupée par notre époque et ce qui nous attend. On la voit ici, dans la salle de conférence de la Cité des sciences à Bangalore, consciente d'être en concurrence avec l'un des grands exploits de l'aventure spatiale et ne pouvant lutter à armes égales. À cette heure symbolique, nous dit-elle, l'humanité s'apprête à exploiter un nouveau filon. Du fer, du carbone, des métaux rares, la liste est longue. Et quand le filon sera épuisé, il y en aura un autre. Face au public, ce soir-là, elle lance un appel. Comme nous tous, depuis son enfance, elle lève les yeux, fascinée par la voûte étoilée. La vie sur notre planète est née sous un bombardement de météorites. Elle nous rappelle que la vie est extraterrestre. La Terre est un foyer parmi quantité d'autres probables, mais quel foyer. Un prodige, un miracle. Il est bon parfois de s'en éloigner, de prendre du recul pour mieux s'en rendre compte. Dans la solitude de notre condition, il y a une utilité à changer d'échelle, à voir la Terre de l'extérieur, à l'appréhender dans son milieu. Où allons-nous, demande Svetlana Ivanova, qu'avons-nous fait de notre rapport si précieux à l'espace, qui structure les cultures humaines depuis la nuit des temps ? Différentes conceptions sont possibles et Mineas en est une. Une parmi d'autres, nous dit-elle, mais toutes n'ont pas eu le même succès. Car Mineas n'est pas tombé du ciel, il est l'aboutissement d'une logique. Il parachève une entreprise, dit Svetlana Ivanova, un modèle implacable déroulé en appliquant toujours les mêmes règles, en ne faisant qu'étendre leur périmètre. La paix sur la Lune est un équilibre précaire. On vit sur la Lune sous le régime de l'hostilité pure de son environnement. Là-bas l'homme a un ennemi encore plus cruel que lui-même. Des tensions, des conflits de voisinage, se souvient Svetlana Ivanova, il y en a eu, mais rien qui ressemble à une guerre ouverte. Elle souligne une vision communément admise, que dans cette perspective, il n'y aurait ni vainqueurs ni vaincus. Un pacte tacite organise le partage du territoire. Une forme de statu quo que l'appétit pour Mineas pourrait rompre, c'est la thèse qu'elle défend. Ce à quoi nous pouvons lui opposer que Mineas est un modèle de collaboration internationale. Il n'aurait pas pu aboutir sans un haut niveau de coopération. Svetlana Ivanova en convient, elle relève simplement que tous les acteurs n'ont pas joué le même rôle. Il y a ceux qui ont conçu le programme, qui défendent avec ferveur une vision industrielle. Et les autres, ceux qui se sont associés pour ne pas être en reste, qui adhèrent moins par conviction que par crainte, de se faire distancer, ou de voir passer le train. Elle ajoute que ce qui est vrai à l'échelle des industriels et des agences est aussi vrai pour nous tous, les acteurs de terrain, nous qui faisons tourner les laboratoires. Elle avoue que ce n'est pas l'idéal qu'elle avait en tête, quand elle s'est engagée dans ses recherches. Elle avait un rêve d'espace, en entrant chez Roscosmos, et ce n'était pas celui-là. Industrialiser la Lune est l'horizon qu'on nous propose. Combien parmi nous se réjouissent de cette promesse ? Quel avenir souhaitons-nous donner à notre besoin commun d'explorer l'espace ? C'est une question qu'elle pose à Bangalore ce soir-là. Qu'elle adresse au public présent et qu'elle nous adresse, par-delà les années qui nous séparent.

Bangalore marque un tournant, le moment où elle entame sa croisade. En avril 2074, Roscosmos rejoint le conseil d'administration de l'ISA. La date est importante mais Svetlana Ivanova n'est pas là, elle vient de quitter l'agence. À quarante ans, elle abandonne la recherche, ses travaux en agronomie spatiale, pour se consacrer à la protection des espèces vivrières terrestres, celles qui justement servent de réservoir pour régénérer nos cultures dans l'espace. Ce réservoir végétal est en déclin. La diversité s'est effondrée. Et si le mouvement s'est enrayé, si le décompte des extinctions ralentit, rien n'indique qu'on puisse inverser la tendance. Elle accepte la proposition qui lui est faite d'intégrer les rangs de l'institut d'agronomie Vavilov. Elle prend la tête du département chargé de repenser l'archivage, dupliquer et sécuriser les collections. L'institut est en crise depuis longtemps. Les conditions de conservation se dégradent, ses sites de stockage sont fragilisés. À commencer par le bâtiment historique à Saint-Pétersbourg qui résiste tant bien que mal, confronté à l'élévation du niveau des mers.

Dans les années qui ont suivi Bangalore, elle a battu la campagne. Elle n'est pas la seule, des projets se sont concrétisés à travers le monde, des collaborations ponctuelles, des transferts d'échantillons. Mais rien qui ressemble à un mouvement coordonné de grande ampleur. La multiplication des centres de stockage était censée prévenir les risques. Finalement, c'est l'inverse qui se produit, une dissolution des moyens, une disparité selon les régions, les pertes et les dommages s'accumulent. Pendant ce temps, Svetlana Ivanova poursuit son combat. Elle garde le cap, entretient son réseau. Une femme debout et droite dans ses engagements. Sa dernière campagne s'est achevée ici à Darwin, au siège de l'Agence spatiale internationale, le jour où mon prédécesseur, Ethan Murray, a accueilli favorablement sa demande. Il s'est engagé à contribuer aux études préliminaires, au travail d'analyse et de faisabilité, qui jetteraient les bases d'un vaste programme unifié de conservation du vivant. Jamais la conquête spatiale ne pourra s'affranchir des conditions de vie sur Terre. Cette idée défendue par Svetlana Ivanova, soutenue par Ethan Murray, je la partage. Je partage aussi l'ambition d'un programme mondial de sauvegarde. Mais il ne suffit pas de collecter et centraliser les échantillons, il faut prévoir un lieu de stockage. La difficulté est de savoir où. Quel serait l'endroit le mieux adapté ? L'origine de la vie est extraterrestre, et c'est à cette échelle, à mon avis, qu'il faut raisonner, quand on réfléchit comment la préserver. Ce qu'il y a d'unique sur Terre, ce n'est qu'en dehors des limites planétaires qu'on pourra le conserver durablement.

Le temps nous est compté. Ce que nous faisons à travers le monde depuis des décennies, expertiser le vivant, ne suffit plus. Ce à quoi nous avons consacré déjà tant d'efforts : collecter, séquencer, dupliquer l'information, la stocker. Il faut mettre ces archives en lieu sûr. Au-delà du système Terre-Lune, puisque la Terre n'est plus un abri, que la Lune ne l'est pas davantage, trop proche de nous, trop facile d'accès. Les banques de gènes conservées en ordre dispersé, la dispersion, la discrétion, cette méthode pour limiter les risques a montré ses limites. Les accidents naturels, la malveillance humaine, l'élimination hasardeuse, les dangers sont partout. La destruction volontaire, pour ne garder des espèces domestiques que celles dont le génome a été breveté. Les spoliations, les trafics en tout genre, des banques du vivant protégées comme une réserve d'or, on a vu ça. Mais aussi, la lente dégradation des stocks, le pourrissement des graines, la décomposition des échantillons, la fragmentation des brins d'ADN dans leur cuve cryogénique, parce que l'azote s'est évaporé par défaut d'entretien. La conservation requiert du froid, du sec, un environnement contrôlé. Il faut de l'énergie pour fabriquer de telles conditions. Mais aussi une surveillance, une maintenance, pour les pérenniser. Combien de sites à travers le monde sont en déshérence, abîmés, sous-équipés ou simplement oubliés ? De sorte qu'on peut légitimement se poser la question, sur la durée du siècle qui s'achève, combien d'espèces éteintes deux fois ?

L'Institut Vavilov possède un trésor convoité. Il constitue la deuxième réserve mondiale de graines et de semences, répartie sur une dizaine de sites à travers la Russie. Il représente surtout, aux yeux des biologistes, la plus grande banque génétique de plantes vivrières anciennes. Il est un partenaire incontournable pour n'importe quel programme d'envergure. Au lendemain de ma nomination à la tête de l'ISA, Svetlana Ivanova a pris l'initiative de me rejoindre à Tianjin, où j'étais en déplacement pour une visite des chantiers. Je l'invite le soir à dîner, au dernier étage de la tour Huang, dans un restaurant qui domine la baie de Bohai. Svetlana Ivanova prend acte du changement de direction mais elle s'inquiète des prochaines échéances. Quelle est ma vision stratégique, quelles seront les grandes lignes de mon action à la tête de l'ISA, elle s'interroge. Ma vision diffère peu de celle de mes prédécesseurs, elle s'inscrira dans une continuité. Je reprends à mon compte l'ambition d'un programme international de sauvegarde. Simplement au lieu de me limiter aux espèces domestiques, je souhaite étendre le programme aux espèces sauvages. Un pacte est conclu entre elle et moi. Je lui fais la promesse de promouvoir le projet en interne, de m'en faire l'avocat auprès des États membres et du conseil d'administration. Nos astronautes prendront en charge le transport d'une cargaison de cuves et leur transbordement, voilà l'ambition que je porte, la feuille de route que je défendrai. Un engagement de ma part, suivi d'une discussion tendue concernant le contenu des cuves. Faut-il ou non en exclure une espèce, elle a un avis tranché sur la question. On s'accorde sur l'essentiel, mais il reste un vrai point de divergence.

Svetlana Ivanova et sa réputation de pragmatique. Pourtant de nous deux, l'idéaliste n'est pas celui qu'on croit. S'il ne tenait qu'à elle, nous ne partirions pas. J'entends par là, bien sûr notre collaboration est étroite, elle adhère au programme, deux vaisseaux, un équipage, une cargaison, mettre le vivant raisonnablement hors d'atteinte. On a ce désir en commun, cette idée-là nous porte. Pour ne pas risquer de tout perdre, si les conditions un jour devaient changer. Exporter le patrimoine du vivant loin d'ici, le sanctuariser, tout le vivant. Pas dans son exhaustivité, puisque c'est impossible, mais sans discrimination, du plus simple au plus complexe. N'importe quelle espèce envisageable parmi les espèces connues et répertoriées, sauf une. Toutes, à l'exception d'une seule. Le veto que Svetlana Ivanova a mis dès le début. Pas de migration, pas de dissémination de nos gènes. Hors de question de disperser notre ADN à tout vent, notre ADN d'espèce invasive telle qu'elle nous qualifie souvent.

La Terre n'est plus un abri. Elle l'était dans le permafrost, mais le permafrost a fondu. Mettre le patrimoine génétique terrestre en lieu sûr, le rendre inaccessible, c'est possible. Lui garantir une conservation autonome, naturelle, dans un environnement stable et froid, sans assistance, sans intervention humaine, pour des centaines de milliers d'années, on sait le faire. On connaît la destination. On est capable de mobiliser les ressources techniques. Reste à trouver les financements. À partir de là, l'intendance suivra : les hommes, les équipements. Jamais l'humanité n'a été aussi avancée. Jamais la technologie n'a levé autant d'obstacles qui paraissaient infranchissables cinquante ans plus tôt, des limites réputées incontournables, aussi indépassables que le sont les grandes constantes universelles pour les physiciens. À neuf unités astronomiques de chez nous, il existe une terre qui pourrait nous accueillir. Il suffit que Saturne soit au rendez-vous, qu'on anticipe un alignement des planètes. L'opportunité revient chaque année, d'atteindre les lunes de Saturne en moins de temps qu'il nous en a fallu pour aller sur Mars la première fois. Quoi qu'il arrive, l'essentiel sera sauvé. Suffisamment pour redémarrer quelque part et faire gagner un temps considérable à l'évolution. Un million deux cent mille espèces, capables de coopérer entre elles, de se constituer en chaînes alimentaires et cohabiter au sein d'un biotope. Selon l'endroit du futur peuplement, le site d'implantation, elles seront plus ou moins bien adaptées aux conditions nouvelles, et forcément une sélection aura lieu, des mutations. Mais on ne repartira pas d'une page blanche, c'est l'essentiel.

On sait qu'après chaque extinction massive, à partir du peu qui reste, tout redémarre. Pendant la grande sécheresse du Trias, encore plus dévastatrice qu'une météorite, à peine dix pour cent des espèces ont survécu. Pourtant il y a eu un après. On est capable de sauver, en nombre d'espèces, bien plus que ça. De la forêt mixte européenne au bassin d'Amazonie, du désert de Mojave à la taïga sibérienne, des équipes s'organisent déjà à travers le monde, à l'échelon régional ou transnational en fonction des écosystèmes. Bientôt cinquante-deux groupes de travail seront à l'œuvre, chargés de reconstituer cinquante-deux grands biotopes, recenser leurs populations, en dresser le catalogue. Puisqu'il n'est pas possible de tout emporter, il va falloir choisir. Opérer un tri, c'est inévitable, mais sur quels critères ? Il y a ce postulat depuis le départ, admis par tous. Au lieu de s'en tenir au système officiel de classification du vivant, découpé en règnes, embranchements et classes, elles-mêmes hiérarchisées en ordres, familles et genres, on procède autrement. On sélectionne d'abord les espaces naturels. Ensuite on s'intéresse aux espèces qui y cohabitent et s'y reproduisent. Ce sont des écosystèmes complets dont on a l'ambition de préserver la mémoire, en respectant au mieux la dynamique et l'équilibre des milieux. Répertorier, sélectionner et conditionner les échantillons, on sait le faire. On est capables de constituer des archives et les transporter. Mais une fois arrivés à destination, nos astronautes devront superviser la construction du centre de stockage. Le coût complet d'un tel programme dépasse les capacités financières de l'agence. L'heure n'est plus aux projets audacieux dans lesquels des investisseurs acceptaient d'investir à perte. Des liquidités, il y en a, mais il va falloir aller les chercher là où elles se trouvent, comme au premier temps du tourisme spatial, mettre aux enchères l'accès à l'espace, pour ceux qui en auront les moyens, faire grimper le prix du ticket d'entrée. Sur le cosmodrome de Kimberley devenu une zone d'exclusion, on rassemblera des échantillons collectés à travers le monde, déjà conditionnés et cryogénisés. Cinquante-trois cuves au total. Elles transporteront le génome de plus d'un million d'espèces dont une seule, la nôtre, sera représentée génétiquement par une population constituée de vingt à trente mille individus.

Regardez autour de vous. Levons les yeux sur la Voie lactée, au-dessus de nos têtes, qui nous est accessible à cette heure avec très peu de pollution lumineuse. Regardez autour de vous, regardons ensemble, nous qui sommes réunis sous un ciel sans nuage depuis de longs mois et qui aurait pu le rester. Certains d'entre vous s'en souviennent, de la dernière mousson. À quand remonte-t-elle ? À quand remonte l'idée que la mousson revient chaque année, la certitude de pouvoir se fier à elle, un cycle immuable à l'échelle d'une vie d'homme ? En deux générations seulement, nous l'avons vue disparaître, cette régularité, ce rendez-vous, non pas s'éteindre mais entrer dans le champ de l'imprévisible. Depuis combien de temps n'a-t-il pas plu, quatre cents kilomètres plus au sud, aux portes du Grand Désert de Sable ? Les crises se succèdent et malgré tout, nous avançons. Les cycles s'enchaînent de régression ou de stagnation, suivis d'un nouvel élan. Il en est ainsi depuis les débuts de la conquête spatiale, et la décennie actuelle n'échappe pas à la règle. Aux politiques spatiales conquérantes succède une forme d'attentisme et de prudence. Mais le savoir-faire est là, nous avons la connaissance. Jamais l'humanité n'a été aussi avancée, jamais l'innovation scientifique et technique n'a ouvert autant de portes. À défaut de contrôler notre destin sur Terre, nous sommes libres au moins de reconfigurer, réaménager notre vision de l'espèce. Cette espèce, la nôtre, mais dans quel espace ?

Nous avons la technologie, il nous manquait l'objectif. Aller plus vite, aller plus loin, mais pour quoi faire ? Quelle que soit la finalité, l'innovation comme élan, comme produit et moteur du génie humain, se suffisait autrefois à elle-même. Se suffisait, faute de mieux. Faute d'un enjeu à la hauteur de nos moyens. Aujourd'hui l'enjeu est clair. Armer des vaisseaux, aller là où des sondes robotisées nous ont précédés, couvrir cette distance en un temps compatible avec le rêve humain, pour que nos organismes comme nos rêves ne sombrent pas, ne s'abîment pas dans une nuit perpétuelle. L'éternité pour notre espèce, ça se joue maintenant. Au point où nous en sommes, à l'heure où je vous parle, à l'horizon des quinze prochaines années. C'est le délai qu'il nous faut, pas davantage, quinze ans pour préparer et lancer cette mission.

Journal de mission

15 mars 2097

Tracy, jour 89

À terme un signal émis par Darwin mettra quatre-vingts minutes à nous parvenir. Ce temps-là sépare déjà nos questions des réponses dans un dialogue avec la Terre. Nos échanges ne sont qu'une suite de monologues. On est à peu près à mi-chemin. Quarante minutes, c'est le délai de transmission entre le vaisseau et le centre de contrôle, dans un sens puis dans l'autre. Dans l'intervalle, nous sommes seuls. Confrontés à une urgence et avec l'aide de l'IA. Seuls à pouvoir analyser, comprendre, décider, mettre en œuvre une solution. On a été formés, nos réflexes entraînés sur un nombre considérable de scénarios. Et avant ça, sélectionnés, au-delà de nos compétences individuelles, dans une synergie de groupe, pour être en capacité de faire face à toutes les situations. Y compris dans l'isolement où nous sommes, puisqu'on ne peut compter sur aucune assistance extérieure, aucun soutien en temps réel. Ce qui n'a jamais été le cas sur la Lune l'est ici. L'autonomie forcée et une forme d'indépendance. Au fil des semaines, cette indépendance s'est renforcée. La trajectoire de l'*Olympic* vient de couper l'orbite de Jupiter. Cinq unités astronomiques nous séparent du Soleil. On entre dans le royaume des géantes gazeuses et des lunes glacées.

Helen, jour 89

Certains d'entre nous parlent à *Milena* juste pour le plaisir de discuter librement, débarrassés des délais de transmission qui nous privent de tout dialogue véritable avec nos proches ou nos référents, dispersés aux quatre coins du monde. Elle est capable selon nos besoins de créer le sentiment d'une proximité et c'est déjà pas mal. On se prend au jeu, on interagit avec elle, souvent reconnaissants, parfois même complices quand on plonge dans son énorme base de données où chacun peut trouver de quoi s'évader, se divertir, satisfaire ses centres d'intérêt, s'immerger dans un petit moment ludique ou nostalgique avec la Terre. Des mots résonnent sous la coupole d'observation ou dans l'intimité des chambres. Ils résonneront demain sur Titan, dits à voix basse, canal radio coupé, ou bien écrits, des mots saisis sur notre temps de repos, qu'elle stockera ou pas en mémoire, selon les consignes qu'on lui donne. Elle est la seule parmi nous qui est douée pour toutes les langues, la seule originellement polyglotte, langues vivantes ou mortes, tous langages confondus, y compris les langages de programmation qu'Hari connaît et maîtrise, mais qu'elle manipule mieux que lui. L'anglais de travail, quel que soit notre lieu de naissance, chacun se l'est approprié. Reste le besoin, au fil des semaines d'isolement et de confinement, sous le regard des caméras et des capteurs qui enregistrent, reste le besoin d'organiser en nous-mêmes une zone refuge, et cela peut prendre une forme différente selon chacun, verbale ou non, silencieuse ou pas.

Les messages de nos proches sont enregistrés. On s'informe de l'actualité sur Terre mais notre intérêt décline. Au fur et à mesure que la Terre s'éloigne, les liens se relâchent progressivement. Les premières missions habitées en faisaient une priorité, entretenir les liens personnels, connecter à tout prix les astronautes au quotidien de leurs proches, pour soutenir le moral et limiter le temps d'adaptation au retour. Des armées de psychologues ont réfléchi aux moyens de combattre les effets de l'isolement et un consensus s'est dégagé, sur le modèle des colonies lunaires. On ne perd jamais les Terriens de vue, quand on vit sur la Lune, même depuis sa face cachée. Le lien à la Terre est robuste, on vit sur son satellite, tenus par un bras invisible, on tourne comme au creux d'une fronde, à un jet de pierre seulement. La multiplication des interactions comme condition première de l'équilibre psychologique, les vols habités de longue durée nous ont appris à nuancer ce principe. Un pied sur Terre un pied ailleurs, tiraillés, écartelés entre deux mondes. La doctrine d'un lien permanent a évolué, la stratégie de composition des équipages aussi. Autrefois la situation familiale entrait rarement en ligne de compte, elle n'était pas un critère de sélection ou d'éviction, elle le devient sur une mission comme la nôtre. Il est plus facile de s'organiser mentalement en acceptant de couper les amarres, que de ressentir l'écart qui se creuse entre eux et nous, entre leurs préoccupations et les nôtres. Ce qui n'empêche pas de se projeter, d'anticiper le dénouement, d'imaginer la joie qu'on aura de les retrouver. Je laisse une communauté derrière moi. Ce sont mes racines mais mon présent est ailleurs. De mon avenir, je ne sais rien. Concentrée sur notre mission, j'y trouve mon équilibre et une forme d'apaisement. Sans rien ignorer du temps de réadaptation qu'il faudra au retour. Certains astronautes n'y parviennent jamais et repartent. Nos interactions réduites, nos relations simplifiées, il y a suffisamment de connivence entre nous pour que les usages normaux de la vie sociale se perdent, aussi vite que les corps oublient la pesanteur, et au retour sur Terre, il faut tout réapprendre.

J'entends Aiko qui parle à *Milena*. Quand elle est seule, il lui arrive de parler dans sa langue, de s'adresser à *Milena* comme à un de ses compatriotes. Parfois d'entamer un échange, un véritable dialogue dont l'IA comprend les nuances et les subtilités. Chacun peut s'exprimer et *Milena* lui répond. Chaque membre de l'équipage possède une langue intime et *Milena* la connaît. Au-delà de l'anglais qui nous est commun, elle s'exprime à la demande dans nos langues maternelles, et à l'intérieur de chacune, intègre les nuances géographiques ou culturelles. Y compris entre Hari, Tracy et moi, les trois anglophones de la mission. Puisque l'anglais des quartiers favorisés de Bangalore n'est pas l'américain des banlieues noires de Toronto, qui ne ressemble que de loin à l'australien du Territoire du Nord. Même si par la suite, un nivellement s'est opéré. Et c'est là tout l'enjeu de constituer un corps d'astronautes interne à l'ISA, valoriser ce qui nous unit et peut souder nos rangs, jusqu'à former un collectif d'une solidité, d'une solidarité à toute épreuve. Je ne vois que l'aventure spatiale capable de ça, de dépasser les frontières, d'enjamber le fossé de nos origines et la malédiction de Babel.

La mission Vavilov

Un jour, il est devenu évident que le processus était irréversible et d'une vitesse sans précédent, poursuivit Lee Wang. Pourtant des précédents, il y en a eu, puisqu'on sait que la Terre a déjà connu cinq extinctions massives d'espèces. Chaque fois les changements ont été rapides, mais quand on dit rapide, on pense à l'échelle des temps géologiques. Quel que soit le facteur déclenchant, même après une catastrophe majeure, un ou deux millions d'années sont nécessaires, avant de faire table rase et repartir sur de nouvelles bases. Pour le meilleur ou pour le pire, dans le sens d'un progrès de l'évolution ou pas, tout dépend de quel point de vue on se place. Mais toujours en appliquant la même recette, de mutation et de sélection, cette technique du vivant a fait ses preuves, pour maximiser les chances, par hasard, de tomber sur la bonne formule. Plus de trois milliards d'années d'essais et d'erreurs avant d'en arriver là, le patrimoine sacré du vivant. Un jour, il n'a plus fait de doute que ce patrimoine était en danger, en quantité et en qualité, non seulement en nombre d'espèces mais en variété, entre espèces et à l'intérieur de chacune. Il est devenu évident que le processus était enclenché, d'une telle force et d'une telle inertie qu'aucune mesure correctrice ne pouvait l'enrayer. La sixième extinction de masse était en cours, à un stade suffisamment avancé pour que ce qu'il reste de biodiversité soit en sursis. Alors la conservation des génomes est devenue un enjeu, avant que tout ne disparaisse. Et d'abord protéger nos espèces domestiques, rendues par nos soins incapables de muter, de s'adapter et de survivre. Partout les initiatives se sont multipliées, sans véritable coopération au début, puis de manière coordonnée, là où il n'était pas trop tard, où il restait quelque chose à sauver. Cinq cents millions d'années d'invention du vivant, sans compter les formes rudimentaires qui existaient avant. L'objectif de la mission Vavilov est de sauver ce qui peut l'être, constituer une arche du vivant et l'exporter loin d'ici, avec l'espoir dans un avenir plus ou moins proche, sur cette planète ou une autre, de pouvoir repartir, rebondir, en faisant gagner du temps à l'évolution.

C'est l'histoire d'une lune qui se prenait pour une planète, poursuivit Lee Wang en zoomant sur l'image suivante. Ici dans l'œil du télescope spatial James Webb. Une boule de billard ocre jaune posée à distance des anneaux, à l'extrême limite de la magnétosphère de Saturne, et qui subit malgré tout ses effets de marée. Capable d'accueillir nos archives mieux que n'importe quel autre objet du Système solaire, considérez Titan. Un monde cryogénique, stabilisé à une température idéale pour la préservation des génomes. L'environnement est loin d'avoir livré tous ses secrets, mais ce qu'on sait déjà nous suffit. On en sait suffisamment pour reconnaître le plan de secours qu'on cherchait.

Malgré le froid qui règne à sa surface, Titan bouge et se transforme. À son rythme, sans toute cette agitation qui règne sur Terre, mais elle le fait, et son visage change. Il change d'une saison à l'autre, ne serait-ce qu'à cette échelle. Et chaque fois que nous y sommes allés, que nous y avons posé une sonde, que cette sonde est partie en exploration, Titan nous a émus. C'est le corps céleste, dans l'œil d'une caméra, quels que soient l'angle de vue et la largeur de champ, qui ressemble le plus à la Terre primitive. Son atmosphère d'azote moléculaire est dense et les masses d'air circulent. L'amplitude thermique varie peu, y compris entre deux saisons. Le Soleil est trop éloigné pour en faire une planète habitable, mais suffisamment proche pour l'encourager dans son activité, avec le concours de Saturne. Car rien n'est figé, ni à sa surface ni dans le sous-sol. Titan est vivante, avant même d'offrir des conditions propices à la vie. Vivante, elle l'est, avec ou sans la vie. Un monde doté de son propre métabolisme. Au gré des saisons, le flux cyclique du méthane reproduit là-bas le cycle de l'eau. Une hausse des températures, même limitée à quelques degrés, suffit à l'évaporation. Les réservoirs naturels se vident. Ils se remplissent et se vident partout où des dépressions se sont creusées. Parce qu'il y fait trop froid, l'eau en surface a la dureté de la pierre, la solidité et la longévité d'une roche, sa fonction et son comportement. Le vent l'érode, les pluies l'érodent. Des pluies qui sont rarement converties en neige, 90 kelvins, à croire qu'il ne fait pas assez froid. Les sondes Huygens et Dragonfly se sont posées à proximité de l'équateur. Il n'y a pas de lac permanent à l'équateur de Titan, les ressources liquides de surface se concentrent dans les régions polaires. En grande majorité, dans les régions polaires nord. On a repéré là-haut des centaines de lacs et trois grandes mers. Mais à l'horizon de notre mission, le pôle Nord sera plongé dans l'hiver et l'obscurité. On va devoir identifier une autre aire géographique pour construire la station qui nous servira de camp de base.

Cette photographie a été prise par la sonde Dragonfly le 14 janvier 2035, soit trente ans jour pour jour après les images de Huygens. On reconnaît le champ dunaire de Shangri-La. À l'arrière-plan, une barre rocheuse ferme l'horizon. C'est la vision que l'on a du rempart de Selk quand on l'aborde par le sud. On aurait aimé que l'équipage puisse s'installer là, à l'abri du cratère, mais la piste a été écartée. Les instruments de Dragonfly n'ont pas apporté la preuve qu'il existe des réserves liquides à cet endroit. Si on tient compte du nombre de chenaux et de lits à sec, on peut raisonnablement penser que la ressource est accessible. À l'équateur comme ailleurs sur Titan, les pluies alimentent probablement des nappes phréatiques. Mais on en reste au stade des hypothèses. On ne fera pas atterrir l'équipage sur la base d'une hypothèse. Si bien qu'après avoir écarté le pôle Nord et exclu l'équateur, la meilleure option nous amène au pôle Sud. On sait que les lacs y sont dix fois moins nombreux qu'au nord. Ils sont de petite taille et s'assèchent probablement d'une année sur l'autre. Mais il existe une exception. Vous reconnaissez les rives de l'Ontario Lacus. Nos images de synthèse ne rendent pas justice au paysage, mais pour obtenir des prises de vues réelles du pôle Sud, il faudra attendre l'arrivée du premier vaisseau et le largage de la sonde d'exploration Tanêt.

La mission robotisée partira d'abord, l'équipage suivra. D'abord le vaisseau-cargo, affrété par l'ISA, puis le vol habité. Les deux unités, l'*Olympic* et le *Titanic*, seront construites par segments et modules par les chantiers de Tianjin, avant d'être assemblées en orbite, pour le compte de la White Star Line. Après sa mise en service, le *Titanic* croisera pour des vols d'essai dans notre système planétaire. Il partira un an avant l'*Olympic* et sera chargé d'approvisionner la station Ontario en vivres et en matériel. Avant de la ravitailler, il faudra la construire. D'abord élever des murs, en exploitant la roche disponible sur place ou en montant des modules préfabriqués. Deuxième étape : décharger les équipements du support-vie et les assembler. Et dans un troisième temps, tester leurs fonctionnalités et les mettre en service. L'équipage ne sera pas là pour le faire. Les robots de chantier s'acquitteront de la tâche, contrôlés à distance par l'ordinateur de bord du *Titanic* en orbite autour de Titan. On prévoit d'accoster sur la rive nord-ouest du lac. Le relief qui surplombe la plaine littorale est le massif des Short Hills, une des terminaisons de la chaîne des Taurus. L'Ontario Lacus a été baptisé en hommage au lac d'Amérique du Nord, auquel il ressemble par sa superficie et sa forme. Il mesure deux cent trente kilomètres de long et concentre, à lui seul, l'essentiel des réserves liquides des régions polaires sud. L'équipage atterrira sept ou huit mois avant la fin de l'été austral. L'été sur Titan est la saison des pluies. À l'approche de l'équinoxe, les précipitations diminuent. En hiver, le processus d'évaporation l'emporte. On suppose qu'au cours des siècles précédents, le volume des pluies saisonnières s'est modifié, car le lac est moins haut de nos jours qu'il ne l'était autrefois. Là où la bathymétrie est la plus faible, c'est-à-dire au sud et à l'ouest, la ligne de rivage s'est rétractée. Le long de la berge occidentale, elle laisse à découvert une bande d'une dizaine de kilomètres de large, d'un terrain lisse et craquelé, comme le sont les dépôts d'évaporite. Une fois asséché, l'ancien fond sédimentaire du lac, solide, compact, constitue une bonne piste d'atterrissage pour nos navettes. Les équipements de la station devront être opérationnels avant l'arrivée de l'équipage. Une fois que les astronautes auront sécurisé leur camp de base, leur priorité sera de ramener de l'orbite la cargaison des cuves et d'aménager un lieu de stockage. D'abord temporaire puis définitif. Ils devront cartographier plusieurs régions pour trouver le site le mieux adapté à une conservation à long terme.

La colonisation de Mars n'est plus l'ultime frontière de nos programmes spatiaux depuis que certains corps du Système solaire sont devenus accessibles. À commencer par les lunes de Saturne, plus faciles d'accès aujourd'hui que l'était Mars il y a cinquante ans. Quand la mission Vavilov partira, l'équipage de l'*Olympic* ne sera qu'à six mois de sa destination. Contrairement aux premiers vols habités, le départ ne se fera pas de la Terre. Nos bases lunaires sont devenues la plaque tournante des voyages interplanétaires. À neuf unités astronomiques d'ici, il existe une terre capable de nous accueillir. Nous accueillir en étrangers, en corps étrangers, sans espoir d'intégration ou que le greffon prenne, au mieux sans rejet d'organe. Mais une terre aussi hospitalière que l'est la nôtre, sans qu'il y ait besoin d'artifices, sans le secours de la technologie, il ne faut pas rêver, à une distance compatible avec nos limites humaines, ça n'existe pas. Et c'est bien la raison pour laquelle nous sommes réunis ce soir. Si un tel corps céleste existait, la moitié d'entre nous serait ici et la moitié là-bas, trop heureux d'habiter deux mondes et de communiquer. On en est loin. Admettons, puisqu'il faut s'y résoudre, que la perspective s'éloigne. Plus on progresse dans nos connaissances, plus ça s'éloigne. Admettons qu'on soit condamnés, encore pour longtemps, à graviter autour de la même étoile. Il n'est pas interdit de se projeter au-delà de la ceinture d'astéroïdes, dans le Système solaire externe. Depuis que les progrès de la propulsion ont rapproché Mars de la Terre, on peut s'autoriser à viser plus loin, par ordre d'éloignement :

Jupiter, Saturne, Uranus. Les géantes gazeuses ont moins d'intérêt pour elles-mêmes que pour le potentiel biologique de leurs lunes. Certaines lunes sont plus grosses que la planète Mercure. Et contrairement à Mercure, leur avenir s'annonce radieux. Elles n'ont pas traversé l'âge d'or de leurs belles années, le meilleur est devant.

On sait que Mercure n'a pas toujours été la fournaise, l'enfer qu'elle est devenue. Il fut un temps où le Soleil était jeune et pâle dans le ciel, il éclairait les planètes telluriques sans les brûler. À l'époque Vénus était bleue, située dans la zone d'habitabilité de son étoile, de l'eau liquide coulait à sa surface. Puisque toutes les conditions étaient réunies, puisque dans ces conditions-là, la vie existait déjà sur Terre, Vénus abritait la vie, il ne peut pas en être autrement, Mars aussi. Mars aussi a eu une atmosphère, un volcanisme actif, des rivières, des océans, au lieu du désert qu'elle est aujourd'hui. Aucune des trois planètes n'a été oubliée. Aucune n'a été laissée pour compte, sous une pluie de météorites, les trois ont été ensemencées. Mais la vie n'a pas eu le temps, dans les océans de Vénus, dans ceux de Mars, avant qu'ils ne s'évaporent, elle n'a pas eu le temps de se complexifier. Elle n'a jamais pu prendre son envol et donner toute sa mesure, sa folle mesure sur Terre quand on y pense, ailleurs tuée dans l'œuf, bien avant d'avoir pu livrer toutes ses promesses. Il s'est est fallu de peu. Quelques degrés supplémentaires ont suffi, passé un certain seuil, dans un emballement généralisé, pour que du vivant soit fait table rase, quand l'intensité du Soleil s'est accrue. Puisqu'il ne fait que ça depuis sa naissance, se consumer avec plus de vigueur et tendre vers sa fin. Mais avant ça, il irradie. Admiré par les Terriens, honoré par notre espèce depuis les origines. Comme s'il n'était là que pour nous, pour veiller sur nous. Et Dieu sait, dans l'histoire de l'humanité, combien de fois on l'a regardé avec l'angoisse qu'il disparaisse et nous laisse seuls, qu'il nous abandonne dans un puits de ténèbres. Sauf que non, la chronologie établie n'est pas celle-là, on disparaît d'abord et lui après. Un jour le Soleil s'éteindra, d'avoir trop profité, d'avoir consommé son hydrogène jusqu'à l'épuisement. Mais avant ça, déréglé par la vieillesse et le compte à rebours, il doublera, triplera en volume, brûlant tout sur son passage, dans son appétit de fusion, il gonflera, enflera, menaçant la Terre d'être engloutie. Non, la Terre résistera, certains astrophysiciens le pensent, ancrée sur son orbite, et Mars avec elle. Fidèlement, farouchement, elles tiendront, mais grillées l'une et l'autre. Partout, tous les jours, des étoiles naissent et meurent. Partout les systèmes solaires ont un cycle de vie, avec un début, un milieu et une fin. Et à peu près à mi-chemin, nous y sommes, avant que le Soleil entre dans son troisième âge. Quand son stock d'hydrogène s'épuisera, au lieu de rétrograder lentement, de se calmer, de s'éteindre en douceur, il enflera, grossira, brûlant ses derniers feux, dans un ultime effort, d'une violence extrême, désintégrant Mercure, désintégrant Vénus, jusqu'à atteindre la proche banlieue de la Terre. Elle ne sera plus habitable depuis longtemps. Mais d'autres mondes le seront, à l'abri des dégâts de la géante rouge, des mondes aujourd'hui gelés, mais qui dans la configuration à venir, seront au bon endroit.

J'arrive à la fin de ce discours et j'aimerais conclure en me projetant dans ce futur lointain. C'est à eux, à ces mondes que je voudrais rendre hommage, aux lunes des planètes géantes, qui constitueront demain des zones refuges et pourront héberger la vie. Ces corps glacés que l'on observe, le moment venu, ils tiendront leur revanche, après avoir tant attendu, situés à la bonne distance, enfin récompensés. Ce jour-là, Titan aura sa place au soleil, ni trop près ni trop loin. Entrée, pour le temps qu'il lui restera à vivre, dans la zone d'habitabilité de son étoile.

Ayrarat

Au commencement, la plaine était sans limite. Le ciel était noir, la terre était aussi noire que le ciel. Cela a duré huit jours, sans que l'on distingue le jour de la nuit.

Au neuvième jour, les ténèbres se sont dissipées. Le ciel s'est embrasé, d'abord imperceptiblement puis franchement, et la terre a pris une couleur ocre sombre.

Des nuages se sont formés, ils ont jeté leur ombre au sol, et des reliefs ont émergé au milieu de la plaine. Il y a eu les Hautes Terres et les Basses Terres, puis il a plu.

La pluie a creusé et poli les Hautes Terres, ailleurs elle a rempli les dépressions. Les Basses Terres se sont couvertes de mares, certaines mares de la taille d'un lac, certains lacs aussi grands que des mers, mais pas d'océan.

La journée a duré longtemps, dans une lumière chaude et un air glacé. Puis au neu-

vième jour, les ténèbres sont revenues. Elles sont revenues lentement, comme elles s'étaient dissipées.

Il a fait nuit, une nuit de huit jours dans le froid glacial, en attendant que le soleil se lève, qu'à nouveau la terre pour la même durée, sous un ciel ocre orangé, prenne une couleur chaude, jusqu'au crépuscule, et cela indéfiniment.

Journal de mission

13-31 mai 2097

Tracy, jour 148

Le *Titanic* apparaît à l'écran. Dans sa danse solitaire autour de Titan, il vient de franchir la ligne du terminateur qui marque la frontière entre le jour et la nuit. Il entame son transit au-dessus de la face éclairée. Puis il disparaîtra derrière la face nocturne. Avant chaque passage, notre télescope se poste à l'affût, il guette la sortie, le moment où le vaisseau émerge des ténèbres. Puis il cale sa vitesse de poursuite sur la vitesse de l'orbite et l'accompagne jusqu'au bout. Le *Titanic* est un reflet fidèle de l'*Olympic*. Il nous confronte à notre propre image chaque fois qu'il sort de l'obscurité. Les premiers éclats de réverbération sont pour sa tête, puis le thorax. Progressivement l'abdomen s'éclaire, constitué d'autant de segments qu'il y a de modules et de réservoirs, jusqu'au renflement du compartiment moteur à l'arrière, prolongé par les tuyères, qui crée un effet de symétrie avec la tête. La structure s'étire sur trois cents mètres. Par comparaison son diamètre moyen est faible et se rétrécit encore à la jonction des segments. Le vaisseau a l'allure d'un grand insecte d'eau sans ailes, ou aux ailes repliées, et donne une impression de fragilité. Sa fragilité est la nôtre. Il est centré au milieu de l'image et se détache sur un fond jaune uniforme. Puisque rien ne semble bouger à l'arrière-plan, il paraît immobile. L'atmosphère de Titan est parfaitement opaque et d'une couleur homogène quelle que soit la distance. Le vaisseau reste centré mais depuis quelques minutes, sa taille diminue. *Milena* réduit le grossissement. La courbure de Titan se dessine. Les gaz de la très haute atmosphère teintent la courbure en bleu. Une fine couche d'un bleu éblouissant à l'extrême périphérie, trop fine pour ne pas devenir indétectable au fur et à mesure que le diamètre rétrécit et que la courbure s'accentue. Le vide spatial est d'un noir d'encre. Il se glisse dans l'angle de l'écran et l'envahit peu à peu. Ce qui est à l'œuvre dans les couches de l'atmosphère justifie notre présence ici. Sans les tholins qui l'enveloppent, Titan serait comme Encelade, une immense banquise à ciel ouvert, exposée aux radiations. Sans les tholins, on ne serait pas là, il n'y aurait pas d'utilité à voyager aussi loin pour entreposer la cargaison.

Les rayons du Soleil peuvent traverser mais vu de l'espace, la surface est indétectable. Pour contourner la difficulté, le *Titanic* a largué la sonde d'observation Tanêt dès son arrivée.

Aiko, jour 149

De la glace à profusion sortie des entrailles de Titan selon un long cheminement, au niveau de l'équateur, qui la ceinture sur les deux tiers de son périmètre. Un gigantesque glacier pour peu qu'on se donne la peine de gratter sous la surface, de décaper les massifs de la poussière des tholins qui se déposent et pénètrent dans la roche glacée, sans pouvoir sédimenter comme ils le font en plaine. Les reliefs se succèdent, filmés par Tanêt qui les survole d'est en ouest, ils ressemblent à des paysages de grès érodés par le temps. Pourtant il n'y a pas un gramme de silice en surface, toute la matière qui constitue les sédiments se forme en altitude, dans les plus hautes couches de l'atmosphère de Titan, là où le diazote et le méthane sont dissociés sous l'action du vent solaire et des rayons cosmiques. Les radiations cassent les liaisons atomiques et les molécules se recombinent, inventent de nouvelles structures, et parce qu'elles s'associent en chaînes de plus en plus longues, leur masse augmente, elles pèsent plus lourd et descendent vers les couches moyennes où elles se complexifient en particules fines, et ces particules en suspension poursuivent leur chute et se déposent comme une suie ou une cendre. Au lieu de l'humus produit par la décomposition en surface des matières organiques, le sol de Titan tombe du ciel. Des particules issues d'une chimie complexe, synthétisées dans la haute atmosphère et qui précipitent à basse altitude, elles s'accumulent comme de la neige en couches successives, sur lesquelles on peut marcher et que nos engins marquent à chaque passage quand elles sont fraîches, avant que les traces soient lessivées par la pluie, ou balayées par le vent, un sable d'un grain plus fin que le plus fin des sables terrestres. Les tholins tapissent le globe d'un pôle à l'autre, en fines couches, en couches épaisses, en dunes rousses, en strates sédimentées, ça dépend de la latitude et du climat, ils constituent en quelque sorte la signature chimique de Titan. On a tenté de s'en approcher en laboratoire et spéculer l'effet produit, mais il nous manque l'essentiel, les modulations et les nuances à l'intérieur du spectre, toute une variété de teintes, du jaune au brun, selon la concentration en particules, le degré d'humidité, le type de sédimentation, l'intensité ou l'angle de la lumière. La chimie a façonné les paysages et le sol a la couleur du ciel pour un œil non exercé, une uniformité qui cédera bientôt, l'équivalent dans les ocres, sur ce spectre déjà large, des mille et une nuances de blanc que l'œil humain avait appris à distinguer sur la banquise.

Tous les jours, Hari et moi, on collabore sur la plage horaire qui nous est réservée. La réception des données mobilise la moitié des consoles et les paysages de Titan envahissent le poste de contrôle, avec un degré de résolution si élevé que *Milena* peut s'affranchir des seules images aériennes et reconstituer différents angles de vue, en extrapolant jusqu'à des niveaux de détail avec lesquels Hari jongle dans le partage d'écran ou en basculant d'un écran à l'autre en fonction de nos besoins. Quand on travaille assis côte à côte, j'observe ses gestes, Hari aux commandes de Tanêt, malgré le temps de latence, ça n'a rien à voir avec *Milena*, ni dans la réactivité ni dans l'acuité du regard. *Milena* transmet des instructions et réceptionne, lui n'envoie rien, il se transporte, il chevauche Tanêt, il est ici et il est là-bas comme le chamane, il se fait le médiateur entre deux mondes, plongé dans un état de concentration qui puise comme la transe dans le désir profondément humain d'entrer en contact avec l'inaccessible, un monde a priori insaisissable mais rien n'empêche d'essayer, ce que l'IA ne saura jamais faire, investir les instruments de Tanêt pour rencontrer Titan, déchirer le voile, se projeter mentalement pour vivre plus intensément l'expérience le moment venu.

Depuis une semaine, Tanêt survole inlassablement les six mille kilomètres d'un corridor de glace ainsi nommé par analogie avec une immense coulée de lave, et il y a bien quelque chose de cet ordre qu'il va falloir comprendre, une simple déformation de la surface ou une série d'épanchements remontés du sous-sol. C'est l'hypothèse que partagent la majorité des planétologues dans l'état actuel de nos connaissances, il n'y a pas de tectonique des plaques sur Titan mais tout de même des mouvements de la croûte terrestre, en réponse à d'autres contraintes, de marée par exemple, celle qui agite un océan souterrain et déforme la lune en surface. Il n'y a pas de magma en fusion dans ses entrailles, ni chevauchement de plaques ni éruptions volcaniques au sens où on l'entend, pas de volcanisme tel que nous le connaissons, mais un cryovolcanisme encore plus fascinant, dont témoigne cette succession de monts et vallées à la ceinture équatoriale, ce dédale de formations pétrifiées comme une houle constituée de glace elle aussi ; une glace remontée des profondeurs qui n'est pas un cristal d'eau pure, loin s'en faut, et qui par endroits n'est pas un cristal du tout mais de la glace amorphe, avec d'autres propriétés.

On part à la rencontre de Titan chaque jour sur notre créneau horaire. À partir des données collectées, on tire des enseignements pour nos futures observations et le programme de nos expéditions en surface. C'est le moment de la journée que j'attends, en récompense des tâches plus ingrates, celui auquel je pense en me levant, et au plaisir qu'Hari et moi on prend à chaque série d'observations à fonctionner ensemble. Titan a une valeur scientifique qui à elle seule suffisait à justifier le voyage, et beaucoup d'entre nous parmi les astronomes et les planétologues ont été des soutiens actifs de Lee Wang dès son annonce, passant outre les polémiques du début, nous sommes nombreux à avoir vu dans la mission Vavilov une opportunité qui ne se représentera pas avant longtemps, une chance à saisir pour prolonger les missions robotisées lancées au début du siècle, répondre aux mille questions que l'exploitation de leurs données a soulevées, mais le faire avec une ambition, dans la définition des objectifs d'exploration, que seul l'envoi d'un équipage nous permettra d'atteindre.

Helen, jour 153

Depuis notre départ, on fixe Saturne et on assiste au spectacle, de la révolution de ses lunes, bientôt on entrera dans la danse, d'ici combien de temps ? Un contingent de machines nous précède, réduit mais bien pensé, piloté par un cerveau plus puissant que le nôtre, capable de travailler jour et nuit durant la phase de préimplantation. La date d'achèvement du chantier a été programmée et avec elle la date d'atterrissage. Mais le respect du calendrier reste soumis aux aléas sur le terrain. Plus le chantier avance, plus la station se déploie, plus la complexité augmente et les risques d'incident. On a pris du retard au montage sur chacune des unités de production, quelques jours chaque fois, mais les jours s'additionnent. Par chance on utilise des technologies éprouvées. Et ce qui est vrai pour les infrastructures et aussi vrai pour le parc de machines. Quel que soit le matériel, le credo de Lee Wang, pas de révolution, rien qui n'a pas déjà été testé et mis au point depuis longtemps. Le modèle Scorpio a fait ses preuves sur la Lune et sur Mars et il est soumis, sur Titan, à des conditions moins extrêmes. La pression atmosphérique est normale, les variations de température sont faibles, la poussière des tholins n'est pas abrasive.

Nos engins sont à pied d'œuvre depuis neuf mois et travaillent sans relâche, avec juste une pause, de temps en temps, pour recharger les batteries. Et le résultat est là. S'il n'est pas spectaculaire, il est conforme en tout point aux plans qui ont été conçus et mis en sommeil dans la mémoire de l'IA, prêts à sortir de terre, une fois les conditions réunies de la germination : des dômes, des coupoles, des tumulus, toute une déclinaison sur le thème de la hutte ancestrale, des structures simples et faciles à fabriquer avec la roche dont on dispose. Elles devront être raccordées entre elles, à l'exception du hangar, au bout du terrain d'atterrissage. L'ordinateur de bord du *Titanic* est une réplique de *Milena*. En attendant que nos délais de communication diminuent, il pilote le chantier.

Au troisième jour de nuit, le dôme de l'unité de raffinage est terminé et le chantier du dernier bâtiment mobilise nos capacités de construction. Ce que j'ai sous les yeux n'est que le soubassement, le premier rang du mur. Une Croix du Sud posée à la perpendiculaire du lac, voilà à quoi ressemble le plan de la station, il suffit de relier les cinq bâtiments entre eux, trois branches courtes et une branche longue. Au bord du lac, la station de pompage disparaît dans l'épaisseur de la nuit. À l'intérieur du périmètre éclairé, on peut admirer la raffinerie toute neuve, adossée à la centrale électrique. Un peu plus loin, l'unité de production des gaz liquides domine l'esplanade et l'entrepôt en construction. Le fait qu'un cercle de pierre matérialise l'emplacement du dernier dôme devrait nous permettre de mieux visualiser les distances réelles, les interconnexions et comment s'organisent naturellement les déplacements. Pour ça il faut attendre que le jour se lève. Depuis qu'on les observe, on aime regarder les engins et les robots travailler en autonomie. Ils s'associent, ils coopèrent. Chaque fois qu'ils font face à des obstacles, ils nous étonnent par la capacité qu'ils ont à apporter des solutions à leurs problèmes, d'autant plus facilement qu'en général, ils les connaissent, ils les ont déjà rencontrés quelque part, eux ou la génération précédente de leur modèle. Ils vont puiser dans le savoir-faire acquis, des décennies d'expérience que *Milena* stocke en mémoire. Jusqu'à aujourd'hui, ils ne se sont jamais retrouvés face à un cas de figure insoluble pour eux, qui nécessiterait une intervention humaine. Ces cas de figure existent, ce qu'on appelle des points de défaillance ultime, nos ingénieurs les ont répertoriés, par chance en quantité restreinte.

Aiko, jour 154

L'empreinte d'un pas de géant scellée dans le sol de Titan, son pied gauche, si remarquable qu'on guette le pas suivant, ce qui pourrait être un pied droit, posé deux ou trois cents kilomètres plus au nord, dans une foulée qui enjamberait le cercle polaire. Mais non, la dépression de l'Ontario Lacus est unique, du moins dans cette région-là du globe, elle n'a pas d'équivalent par sa taille et par son remplissage, bien que le niveau soit plus bas que prévu, on peut encore y naviguer, disons qu'on pourra prévoir d'y naviguer. L'Ontario Lacus est de loin le plus gros réservoir liquide des régions polaires sud et un des rares à ne pas s'évaporer d'une année sur l'autre. Qu'il soit vide ou plein, vu de l'espace, dans l'œil du spectromètre à infrarouge, son tracé reste le même, le contour ne bouge pas, défini comme la limite extérieure d'une tache sombre en forme de pied humain. Big Foot, c'est le nom que les Canadiens donnent au lac Ontario, ici une empreinte creusée au milieu de la plaine sédimentaire, son talon profondément enfoncé dans les limons, tandis que la rive nord s'arrête net sur le massif des Short Hills comme un pied bute sur un rocher, un pied de primate plutôt qu'un pied humain, car le premier orteil s'écarte nettement de son axe, et c'est précisément à cet endroit qu'on a choisi de bâtir la station, à l'entrée de la baie, sur un terrain consolidé par un affleurement rocheux qui facilite l'accès aux ressources du lac. Le lac est à géométrie variable, à l'intérieur de ses contours précis, selon la saison il enfle ou bien son étendue se rétracte, jusqu'à former deux étendues distinctes au plus fort de la sécheresse, le Grand Ontario au nord, le Petit Ontario au sud, comme au siècle dernier la mer d'Aral, c'est mon hypothèse. Depuis six mois, deux robots explorent les fonds sous-marins, procèdent à des relevés et des prélèvements d'échantillons, ils nous aideront à comprendre le régime des précipitations, comment le lac s'alimente, jusqu'au delta de la rivière Saraswati, et quel rôle jouent les courants dans le transport des sédiments qui pourraient venir perturber le fonctionnement de la station de pompage. Titan nous accueille sur les rives de l'Ontario Lacus à une température de –175 °C en été. Heureusement l'été dure sept ans et l'automne aussi, trop longtemps pour qu'on soit encore sur place l'hiver prochain, quand l'immense nuit polaire enveloppera la région, on sera déjà partis, on aura abandonné la station en laissant nos installations derrière nous, sans crainte pour elles que leur environnement se dégrade, car l'amplitude thermique est faible sur Titan, tout ce qui n'a pas déjà gelé à sa surface ne gèlera jamais. Et c'est une contrainte en moins pour nos ingénieurs qui travaillent d'habitude dans les deux extrêmes, du grand froid au grand chaud, jusqu'à 300°C d'écart sur la Lune entre le jour et la nuit. Titan nous accueille à une température stable d'une saison à l'autre, partout sous toutes les latitudes, qu'on soit aux pôles ou à l'équateur ne change pas grand-chose, cinq ou six degrés en plus ou en moins, et cette qualité est essentielle pour nous, pour la conservation des génomes, cette stabilité n'a pas de prix, un monde cryogénique prêt à archiver le vivant, celui qui à une température aussi basse a stoppé son métabolisme, s'est figé dans le temps, sans pour autant que le processus soit irréversible, contrairement au vivant fossilisé en pierre qui jamais ne renaîtra de ses cendres, alors qu'une cellule organique oui, elle peut le faire, si on prend soin d'elle jusque dans sa phase de réveil, elle peut renaître à la vie et reprendre le cours de son existence, et si cette cellule est un gamète, mâle ou femelle de n'importe quelle espèce, elle fera ce qu'elle sait faire de mieux, s'associer, croître et se multiplier.

Helen, jour 156

Un engin s'active sous mes yeux au pied de la carrière. Il découpe un bloc au laser dans le front de taille, son mât arrière s'en saisit et le dépose sur sa plateforme. Il en découpe un deuxième, puis un troisième. Entre deux manœuvres, le mât se rétracte, orienté vers l'avant et incliné comme une queue de scorpion. La capacité de levage maximum augmente avec le chargement de la plateforme qui fait office de contrepoids. Les engins de chantier sont de petite taille, comparés aux engins terrestres, mais cet inconvénient est compensé par la faible gravité de Titan, qui leur permet de soulever des masses six fois supérieures à ce qu'ils feraient sur Terre. Et ce qui est vrai pour eux aujourd'hui sera vrai pour nous demain. Une fois que la charge limite est atteinte, l'engin fait demi-tour, le prochain est prêt à prendre la relève. Deux autres sont occupés à creuser le versant est de la colline. Le plus petit dénominateur commun, quand on retire les bras robotisés, les pelles, les godets et autres accessoires du mât, ce qui reste à la fin, c'est un caisson noir en fibre de carbone, posé sur un châssis, monté sur quatre roues motrices ou un train de chenilles. Sous les carrosseries compactes pour limiter la déperdition de chaleur : les organes vitaux.

Après six jours d'obscurité, on démarre le dernier jour de nuit. Dans la lumière des projecteurs, l'engin recule avec précaution, le volume chargé sur la plateforme paraît disproportionné par rapport à sa taille. Depuis qu'on extrait la roche, la carrière s'est élargie à presque tout le versant sud de la colline. Elle s'est aussi creusée d'une excavation sur le flanc est, qui ressemble à une cavité naturelle. Les engins entrent et sortent de la cavité, jamais plus de deux à la fois. Avant de construire le centre d'archivage, on pourra décharger les cuves restées en orbite et les entreposer là, en attendant. L'engin vient de faire demi-tour, il rejoint la piste à vitesse réduite. Le suivant s'engage à vide sur la rampe d'accès. Quand il lève son bras, on comprend pourquoi le front de taille s'étale à ce point dans la longueur mais ne monte pas plus haut.

Il est possible d'attaquer la paroi au laser sans grande dépense énergétique. Au fur et à mesure que le chargement grossit, il paraît de plus en plus instable. Un engin de chantier n'est pas capable de porter mille fois son poids, contrairement aux coléoptères qui ont inspiré la robotique, mais il a un peu la même allure, quand on croise sa silhouette sur la piste, dans la lumière des phares qui arrivent en sens inverse.

Helen, jour 157

La rampe taillée à flanc de colline ne les mène pas très haut au-dessus du niveau de la plaine, mais cela suffirait en cas de fortes précipitations. À l'intérieur de la cavité, les deux engins creusent en circulant sur un amoncellement de déchets qui placent le sommet de la voûte dans leur rayon d'action, tel un échafaudage, ensuite on débraiera. Ils travaillent les bras en l'air, à flux tendu, entièrement dévoués à leur tâche. Entre les pans de mur mal dégrossis, ils progressent en autonomie. Leur laser attaque la roche, même à faible puissance, la méthode est efficace, c'est de la roche glacée. Quand elle est belle, quand elle se prête au débitage de blocs à nos standards de construction, on la traite comme de la pierre de taille. Le reste, la roche de mauvaise qualité ou les débris de carrière, on le collecte, on le transporte jusqu'à l'usine de traitement de l'eau. Au menu de notre prochaine réunion de travail, l'affectation des unités à inspecter et la liste des points de contrôle. À deux semaines de l'entrée en orbite, on planifie les derniers tests avant de lancer le protocole de mise en service.

Ce sont d'abord des jours sans nuit, puis la nuit s'éternise. À l'équateur, on en connaît la durée, le jour est égal à la nuit, et cette durée est stable. Mais dès qu'on remonte en latitude, progressivement l'écart se creuse. Il se renverse au changement de saison, s'inverse d'un hémisphère à l'autre. Depuis sept jours, il fait nuit. Le soleil va prendre son temps pour se lever, comme il a pris son temps pour se coucher. Il faisait nuit à notre réveil, au-dessus de la région Ontario. Il fera encore nuit ce soir, quand on se couchera. À l'intérieur des modules habitat, la lumière s'éteint puis se rallume, calée sur le rythme circadien qui est en nous. Le soir, chacun rejoint sa cabine, et *Milena* bascule les parties communes en mode nuit. Le matin, à l'instant où les modules de vie s'éclairent, à première vue sur Titan, rien n'a changé. Je suis sûre qu'une fois là-bas, on s'habituera. Avec le temps, nos yeux s'habitueront à détecter la variation d'intensité lumineuse qui a eu lieu pendant notre sommeil et les effets qu'elle produit sur notre environnement. Bien que les jours sur Titan soient particulièrement longs, nos corps s'adapteront. D'abord la vue, l'ouïe, l'odorat, puis notre organisme entier. On finira par inscrire notre rythme à l'intérieur d'un autre plus lent, comme les peuples le font sur Terre aux latitudes extrêmes. Ils ont appris à traverser les longues nuits polaires et les jours d'été sans fin, à l'écoute de leur seule horloge biologique, du tic-tac endogène qui règle sur vingt-quatre heures les fonctions vitales de quantité d'espèces dont la nôtre, même aujourd'hui, même aussi loin de nos bases que nous le sommes. L'ordinateur transmet et reçoit des données en flux continu, mais la cadence des rapports et des rendez-vous réguliers s'est ralentie. Seul Hari maintient la fréquence d'un résumé quotidien de notre journée, à la demande des communicants de l'agence, et on se prête au jeu.

Aiko, jour 158

J'observe le soleil au-dessus de l'horizon, un de ces soleils froids et mystérieux comme une pleine lune, invisible à travers l'atmosphère de Titan et qui malgré tout, à cause de la couverture nuageuse qui s'est installée pendant la nuit, embrase le ciel à l'est, l'enflamme de couleurs rouges ardentes qui s'assombrissent par endroits en traînées et en nappes légères, grenat ou pourpres, qu'on n'avait encore jamais vues. On l'attend depuis des semaines, la prochaine averse, annonciatrice de la suite, des épisodes réguliers de pluie capables de recharger les nappes phréatiques et les réservoirs de surface. Viktor l'attend, déçu par les résultats des derniers sondages et qui s'en est plaint, du niveau du lac à l'entrée de la baie, il relève ce qui n'est peut-être pas une défaillance mais quand même un défaut d'appréciation, à sa manière à lui, enjouée et plutôt conciliante, il pointe un accroc dans le parcours sans faute de *Milena* qui aurait pu au moins anticiper et nous alerter, aidée par les deux robots sous-marins, eux qui travaillent depuis six mois à compiler les données de terrain qui permettent d'estimer les niveaux de remplissage prévisibles à cette période de l'année, spécialement ici, au large de la pointe, où s'alimente la station de pompage.

Il pleut ce matin au nord de la chaîne des Taurus, et si notre modèle prévisionnel est juste, me dit Hari, il devrait pleuvoir dans trois ou quatre jours au-dessus de la station, mais rien n'est moins sûr. L'austère vallée du Drâa, cernée sur trois côtés par l'arc de la chaîne des Taurus, s'étend au-delà de la rive nord-est du lac. Elle reste plongée dans une ombre épaisse, plombée par le poids des montagnes, elle le restera tant que le soleil ne sera pas passé au-dessus des crêtes, et c'est ce qu'attend Tanêt, que les capteurs de ses caméras considèrent que la luminosité est suffisante pour démarrer une série d'observations. Aucun des sommets qui encerclent la vallée du Drâa ne dépasse mille cinq cents mètres, pourtant la barrière des Taurus est suffisamment haute pour ralentir les précipitations qui descendent à cette saison des latitudes moyennes vers le pôle Sud et alimentent l'Ontario Lacus, localement ou à distance, car ce qui se perd en pluie au-dessus du lac est collecté par le bassin versant de ses affluents qui sont majoritairement des rivières de montagne, à l'exception de la Saraswati. La rivière ou le fleuve Saraswati, selon le statut qu'on donne au lac, s'ouvre paisiblement une voie depuis les tropiques sans rencontrer d'accident topographique jusqu'à l'Ontario Lacus dans lequel elle se jette, environ cent kilomètres au sud de la station, mais avant l'embouchure elle se divise en bras, et ses bras irriguent une vaste zone marécageuse qui ressemble au delta du Nil. Tanêt s'est positionnée à l'aplomb du lac. Hari tire parti de la capacité qu'a la surface d'amplifier la lumière aux deux extrêmes de la journée, au couchant et au levant, quand le lac entre en résistance avant que le soleil disparaisse, ou au contraire, quand il anticipe et réfléchit son aura avant que les premiers rayons franchissent la ligne d'horizon.

Aiko, jour 159

Ce qu'on entend par changement de saison, sur Titan, c'est la grande nuit polaire de l'hémisphère nord qui glisse vers le sud à l'équinoxe. Il pleut à l'occasion des orages violents, ou de façon plus prévisible et fréquente, quand on quitte la saison sèche, une pluie régulière, toujours lente, ralentie par la microgravité, d'énormes gouttes qui n'en finissent pas de rouler, de glisser le long d'un fil invisible à la verticale les jours sans vent, transparentes et irisées, à travers lesquelles on retrouve furtivement des couleurs qu'on pensait avoir perdues, des longueurs d'onde dans le spectre du visible absentes sur Titan à l'état naturel, ce qui n'empêche pas d'être aux aguets comme on guette un mirage, quitte à se leurrer, quelque chose qui ressemblerait à du bleu ou du vert, on en a besoin, pas seulement le jaune et le brun, le blanc impur de la glace ou le noir profond, ou les nuances du ciel en feu, on a besoin du bleu du ciel et du vert chlorophyllien, qui par défaut, pour un cerveau reptilien, incarnent les couleurs du vivant. Les hautes latitudes sont arrosées par les pluies saisonnières, de celles qui remplissent les nappes phréatiques ou creusent des entailles profondes sur les versants, et c'est la raison pour laquelle, quand viendra le moment d'élever un sanctuaire pour abriter la cargaison des cuves, on devra s'écarter des pôles soumis à l'érosion davantage que n'importe quelle autre région du globe.

Quand il pleut sur Titan comme chez nous sous les tropiques, dans l'alternance d'une saison sèche et d'une saison humide, quand tombent des cataractes, des torrents dévalent les reliefs, creusent, embarquent, remplissent l'oued au pied de la pente, son lit à sec depuis si longtemps et qui rapidement s'élargit, déborde et se répand. Alors la plaine inondable se couvre de vastes étendues liquides, de multiples chenaux qui convergent et charrient, se hâtent avant de disparaître, par infiltration ou par évaporation. Il a plu hier aux latitudes moyennes, la perturbation se déplace lentement, mais on espère qu'elle va descendre et arroser la région. Depuis une heure, la sonde Tanêt survole le pôle Sud géographique. Le paysage qui s'affiche sur nos écrans a été sculpté dans un matériau tendre comme le tuf ou le lœss, marqué par des précipitations anciennes qui ont rempli des chenaux, accéléré le débit des rivières, creusé des vallées, et finalement disséqué le plateau. On a tous en tête les images de rivières en crue, devenues opaques et de la couleur des berges à cause de la quantité de limons qu'elles charrient. Ici le relief est tabulaire mais profondément raviné, comme vieilli prématurément, et on comprend mieux pourquoi quand Hari augmente le grossissement pour étudier la morphologie des rivières, totalement asséchées ou parcourues par un mince filet liquide, mais la largeur des lits et le profil des berges nous racontent une autre histoire. À quoi ressemblent les tholins quand ils sédimentent, on en a un exemple sous les yeux, après combien de millénaires d'accumulation et sous quelle pression du sous-sol, on prévoit de monter une expédition au pôle Sud pour l'étudier.

Avancer à la rencontre de Titan, c'est réinitialiser chaque jour notre logiciel d'approche, s'ouvrir à son altérité, se saisir de ce qu'elle peut nous offrir d'inattendu, utiliser la technologie pour tenter de lever le mystère au lieu que cette technologie fasse écran. Hari ne s'abrite pas derrière Tanêt, il la précède, dans sa manière de piloter à distance, il interprète et anticipe avec sa propre grille de lecture et un langage qui n'est pas le mien, il réfléchit autrement, communique autrement, il est comme le chamane dont l'esprit voyage. Et tout ça me semble naturel. Les paysages s'ouvrent devant nous. Tanêt s'y déplace physiquement et Hari n'est jamais loin. Ce que nous voyons n'a jamais été vu auparavant, aucun regard humain ne s'est posé sur la région, on est les premiers Hari et moi, je ne l'oublie pas, je n'oublie pas ce qui nous lie, comme Tracy et Viktor d'être les premiers demain à fouler le sol de Titan. On forme un duo complémentaire dans les compétences et l'intuition indispensable, puisqu'il ne suffit pas de transmettre un plan de vol puis de réceptionner passivement les données pour un usage ultérieur, chaque observation engage la suivante avec une efficacité d'autant plus grande, que le délai de transmission vers Titan est inférieur à trois minutes et va continuer à décroître jusqu'à l'entrée en orbite.

Tracy, jour 160

En tête de notre programme de travail, le raccordement du canal d'amenée au centre de raffinage. Les engins ont profité des derniers jours de nuit pour creuser la tranchée. Le substrat rocheux n'est pas loin. Ils ont dû s'adapter et modifier légèrement le tracé qui était prévu. Finalement la tranchée mesure quatre cents mètres. En largeur, plus proche d'une grosse canalisation que d'un vrai canal. Elle alimente les installations en gaz naturel, c'est l'artère principale de la base, l'aorte qui relie la station de pompage à la centrale électrique. Avant d'être utilisé, le méthane doit être raffiné des tholins en suspension. Le lac collecte la poussière atmosphérique et le limon des rivières. Des tonnes de sédiments se déposent ou sont transportés par les courants. Quelle serait la concentration en particules d'un méthane prélevé directement dans les nappes phréatiques ? Nos sondages nous le diront. En attendant, celui qu'on puise dans le lac est un gaz lourd, un mélange d'éthane et de méthane qu'il faut traiter.

L'unité de raffinage vient d'être livrée. La centrale électrique brûle du méthane. Méthane et éthane coulent en abondance, on dispose d'autant de carburant qu'on veut. Le problème n'est pas là. Le problème est d'amorcer et d'entretenir la combustion. Et de l'oxygène à l'état naturel, il n'y en a pas, il va falloir en fabriquer. Dans l'intervalle, on vit sur nos réserves. On a la date d'échéance en tête, d'épuisement du stock d'oxygène liquide transporté par la navette du *Titanic*. On devrait être en capacité d'en produire mais on n'en produit pas, pas encore. La question est de savoir quand, d'ici combien de temps. On aura la réponse à l'heure des bilans d'inspection. Toutes les berges du lac sont sableuses ou marécageuses, sauf ici, à l'ouest de la rive nord, consolidée par le massif des Short Hills. On a installé la station de pompage sur une pointe rocheuse, à distance du fond de la baie. On a eu du mal à choisir le bon emplacement, le bon endroit pour puiser. On avait plusieurs options à disposition, mais pas beaucoup d'éléments pour éclairer nos choix. L'étude des précipitations aurait dû nous y aider. Les enregistrements ont démarré à l'arrivée du *Titanic*. Peut-être trop tard en saison. Ou alors la saison est atypique. Sur une durée de sept ans, on manque de recul. Peut-être l'été a été anormalement sec. Ou bien le volume total des précipitations est inégalement réparti. Est-ce que le niveau du lac sera suffisant, le moment venu, pour démarrer les opérations de pompage ? Pour l'instant il l'est, mais l'étiage est bas, on attend la pluie. Normalement à cette période de l'année, le lac se recharge. Dans le cas contraire, on s'adaptera, on trouvera une solution. On trouve toujours une solution. Viktor ne s'en émeut pas, stimulé lui aussi par les problèmes quand ils arrivent. Être confronté à un obstacle et savoir le dépasser, on est là pour ça. Être mis au défi soi-même, interpellé, poussé à ses limites, il n'y a pas de sentiment plus fort.

Helen, jour 161

Viktor contemple le spectacle. Dans cette succession d'opérations parfaitement réglée, il guette le grain de sable, un problème mineur qu'il faudra résoudre et qui animera sa journée. Le grain de sable, sous nos yeux, c'est celui qui sort du rang, le robot-pilote qui s'extrait du groupe sans préavis, qui n'est pas par ses mensurations le plus impressionnant mais à coup sûr le chef d'orchestre, puisque derrière lui tout s'arrête. Il se propulse jusqu'au pied du dôme, pivote sur lui-même et *Milena* bascule sur sa caméra avant. À l'écran, une goutte glisse le long de la paroi. Une première goutte, puis une deuxième, une troisième. En glissant, elles se chargent de poussière et laissent un sillon clair derrière elles. Beaucoup n'atteignent pas le sol, elles sont absorbées avant. Il pleut, me dit Viktor. Il pleut à un rythme anormalement lent, des gouttes d'un diamètre anormalement gros. Elles ont presque un aspect solide dans la chute, à cause de leur résistance à la déformation, et elles sont transparentes comme de l'eau. Mais l'eau à la température ambiante ne coule pas, et plus généralement sur Titan, ne tombe pas du ciel. Il pleut au-dessus de la centrale électrique et c'est le même spectacle partout, sur toutes les images de la station. La pluie gagne en régularité et s'installe, bientôt la fine pellicule des tholins qui recouvre la raffinerie sera lessivée.

Ordre a été donné à tous les drones d'atterrir. Pour ceux qui volaient au-dessus du lac, de rejoindre la berge la plus proche et de s'y poser. Ils ne craignent pas la pluie mais ils sont sensibles aux turbulences, dans des conditions atmosphériques qu'on ne connaît pas. La surface du lac apparaît criblée d'impacts de projectiles. Il tombe une pluie comme on n'en voit jamais, des gouttes qu'on dirait filmées sous l'effet grossissant d'une loupe et ralenties artificiellement.

L'averse monte en puissance, son intensité augmente, et malgré la lenteur de la chute, l'effet au sol est celui d'une pluie diluvienne. Le bruit nous parvient, un des rares bruits naturels qu'on peut entendre sur Titan, et la pluie résonne différemment en fonction des surfaces. Les engins ont cessé de travailler, les robots convergent vers le hangar qui leur sert d'abri. Il n'y a plus aucun signe extérieur d'activité sur la station. Au fil des heures, le ruissellement va décaper les dômes les plus anciens des dépôts de poussière qui se sont accumulés depuis leur construction. La station de pompage est à l'arrêt. Les premières rigoles gonflent au pied des bâtiments et suivent leur pente naturelle, elles alimentent les canaux de drainage qui charrient un liquide boueux, et tout ça se déverse dans le lac.

Tracy, jour 161

Il pleut au-dessus des Short Hills. Il pleut un liquide à base de carbone et d'hydrogène, une combinaison de ces atomes-là. Dans un rapport de un pour quatre. Ou bien deux atomes de carbone pour six d'hydrogène, trois liaisons simples et une double liaison. Il pleut un liquide inodore et incolore qui ne gèle pas à –180 °C. Et c'est un chapitre de notre programme scientifique que d'en étudier le cycle. Aussi la circulation atmosphérique au changement de saison, la chimie des tholins, leur sédimentation, le déplacement des dunes, etc.

Il pleut sur Titan. Une pluie sans un atome d'oxygène, mais il pleut quand même, c'est l'essentiel. Les nuages se sont accumulés, venus du nord. Les pluies sont rares, sauf ici dans les régions polaires. On débarque dans la dernière ligne droite de l'été austral. À l'approche de l'équinoxe, notre modèle de circulation atmosphérique prévoit une inversion des flux. Est-ce que les précipitations sont moins importantes au pôle Sud qu'au pôle Nord ? C'est probable, nous dit Aiko. Ce qui explique le déséquilibre entre le nord et le sud, dans le nombre de réservoirs en surface. Il pleut du méthane liquide, un matin d'été, au pôle Sud de Titan. Les réseaux d'évacuation débordent. C'est une pluie tardive de fin de saison, qu'on attendait.

D'après Aiko, il existe un océan d'eau liquide enfoui à cinquante kilomètres sous la croûte terrestre, l'équivalent sur Titan du magma contenu dans le manteau de la Terre, pour un résultat comparable quand l'océan est mis sous pression. À chaque éruption, les cryovolcans n'illuminent pas la nuit. Ils ne crachent pas une lave incandescente qui s'épanche et refroidit, mais un mélange visqueux d'eau et d'ammoniac qui se comporte de la même façon. Là où le socle affleure, on extrait la glace, on peut la débiter. L'eau à l'état liquide n'est accessible qu'à des profondeurs insondables, mais de la glace d'eau en surface, on en a à profusion. Plus ou moins facile à purifier, à raffiner, concentrée en poussière et en ammoniac, la matière première est abondante. Encore faut-il s'atteler à la tâche de la liquéfier, de la rendre potable. De l'eau pour boire, de l'eau pour respirer, dans la petite usine construite à l'ouest de la centrale électrique, que nos machines ont construite. Toutes les installations devront être opérationnelles avant l'atterrissage. Chaque jour nous rapproche du but. Leur mise en service est décisive pour la suite de la mission.

Helen, jour 162

Un essaim de drones décolle pour une première évaluation de l'état de la piste qui relie la station à la carrière. La pluie a cessé, mais le volume des précipitations tombées en quelques heures a changé la physionomie de la région. Il a plu sur un sol beaucoup trop sec pour que les pluies s'infiltrent en profondeur. Elles ont imprégné les tholins accumulés en surface qui ont perdu leur couleur habituelle et des mares éphémères se sont formées un peu partout dans la plaine. Hier matin, elle ressemblait encore à ce qu'elle est, une bande désertique enclavée entre le lac et les Short Hills. Alors qu'aujourd'hui, elle prend une teinte sombre de terre organique qui n'attend que le labour, ponctuée par l'éclat des mares et leurs reflets bronze, sous un ciel jaune pâle et qui semble avoir été lessivé lui aussi, comme les reliefs. Le soleil éclaire les versants sud et ouest du massif. Les arêtes et les crêtes brillent comme de la glace. *Milena* analyse les images de la piste qui nous parviennent et on attend ses conclusions. Quels sont les risques d'ornières, là où le sol a été creusé par le passage des engins ? Est-ce qu'il faut prévoir de damer ou remblayer par endroits, avant de reprendre la circulation ? Les prises de vues s'échelonnent, chaque drone prend en charge une portion de la piste. Le groupe compact s'est transformé en une longue chaîne d'observateurs sur treize kilomètres. Hari intervient sur leur plan de vol et avec un temps de latence, les commandes sont exécutées. Le drone de tête s'est stabilisé en vol stationnaire au-dessus de la carrière. Ses quatre rotors bourdonnent à notre oreille. Le drone s'incline légèrement vers l'avant, ses mouvements sont nerveux. Il pivote d'un quart de tour, d'un demi-tour. Il nous envoie des images du versant sud de la colline puis du versant nord. Il alterne mécaniquement. Au sud, le terre-plein est désert, un éboulis fait une cicatrice sur le front de taille. La rivière Karesos coule au pied du versant nord, elle serpente au milieu d'un lit de sable et de galets beaucoup plus large que le justifie le débit actuel. Aiko vient de nous rejoindre. On écrit ensemble le prochain scénario. Le drone quitte son vol stationnaire et plonge vers la rivière. Il se positionne dans l'axe du lit et commence à remonter en direction des montagnes. À cinq minutes à vol d'oiseau, la rivière a creusé un défilé pour rejoindre la plaine littorale. D'après les relevés de la sonde Tanêt, la Karesos traverse le massif des Short Hills mais elle prend sa source beaucoup plus haut, elle pénètre profondément à l'intérieur de la chaîne des Taurus. On n'aura pas besoin de remonter si loin, notre objectif n'est pas d'atteindre la source, seulement d'observer en temps réel ce qu'Aiko anticipe, d'aller à la rencontre du phénomène que le paysage nous raconte à livre ouvert.

C'est un mouvement inexorable de reconquête du lit à sec par la rivière, et le bruit nous parvient. Un bruit plus rapide que l'inondation elle-même. Le courant pousse devant lui un flux alourdi par des sédiments, il serpente et quand le lit se resserre, une petite vague se forme à l'avant et le débit s'accélère. L'extérieur du méandre est aussitôt submergé, l'intérieur résiste qui n'est pas du sable mais un cailloutis. La rivière court à notre rencontre, sa crue progresse sans déborder de la largeur du lit, sans violence ni déchaînement, on dirait venue de nulle part, comme un lâcher de barrage.

Il n'y avait rien et brusquement l'oued se remplit. L'inondation gagne du terrain, un bruit profond d'eau qui court comme un torrent en terrain plat. Le son nous arrive plus ou moins déformé, selon la topographie de la vallée et la hauteur des parois qui amplifient l'écho. Au son, davantage encore que par la force des images, on prend la mesure du phénomène. La crue contourne les gravières sans se hâter, tandis qu'à l'arrière la pression monte. Elle s'est déclenchée très haut en amont, alimentée par les bassins de collecte, elle s'ouvre un passage vers l'aval, ralentie par le tracé sinueux. D'ici une ou deux heures, la vallée sera méconnaissable. Pour l'instant un rocher suffit à faire obstacle et dévier le cours, mais à l'arrière le phénomène enfle, prend de l'ampleur, capable bientôt de déborder du lit, le creusement de la berge en témoigne. Des pluies diluviennes ont arrosé les reliefs de la région Ontario et le ruissellement le long des pentes vient grossir les affluents de la Karesos, et ce qui est vrai pour elle est vrai pour toutes les rivières qui descendent du massif et se vident dans le lac.

Tracy, jour 163

Le vaisseau décélère depuis trois semaines. On arrive enfin au bout du dernier tronçon entre Jupiter et Saturne, de loin l'étape la plus longue du plan de vol. Sept cents millions de kilomètres à parcourir, et une conscience qu'on n'avait pas avant, de quoi est fait le vide spatial quand il n'y a plus rien ? Le cœur du Système solaire est relativement dense et peuplé si on compare aux régions extérieures. On le savait déjà, mais comme souvent en astronomie, c'est un savoir théorique. Il faut l'avoir quitté pour mesurer à quel point. Par ordre d'éloignement de la Terre : Mars, la ceinture d'astéroïdes, Jupiter. Et après ? Après on entre dans le Système solaire externe. Qu'avons-nous vu, qu'avons-nous croisé d'intéressant, depuis l'orbite de Jupiter, qui mériterait d'être étudié ? Rien, aucun corps, aucun objet céleste ou trajectoire d'objet. Arrivés presque au terme du voyage, on mesure physiquement, concrètement, à quel point il existe un gradient dans le vide spatial. On est le premier équipage à parcourir une portion de l'espace que les sondes Pioneer et Voyager ont traversée dans les années 1970. Et si les ingénieurs, à l'époque, ont réussi cette prouesse avec les moyens qu'ils avaient, alors l'exploit de l'*Olympic* n'en est pas vraiment un. On ne regarde plus derrière nous depuis longtemps, mais droit devant. L'image au télescope reste fixe. Pourtant à l'œil nu, l'objectif se rapproche. On se relaie sous la coupole d'observation sur notre temps de pause, pour admirer Saturne. Elle repose dans l'anse de ses anneaux, et l'ensemble a un air penché.

Helen, jour 163

La barge s'écarte lentement, elle s'éloigne de la berge tout en restant parallèle au ponton. Elle glisse sans faire de vagues comme si elle avait très peu d'inertie. Pourtant les choses pèsent sur Titan. Elles pèsent moins lourd mais elles pèsent. On arrive à la fin de l'été austral. Pas de bains iodés, mais notre barge et les deux robots sous-marins sillonnent le lac et collectent des données. Elle s'immobilise pendant quelques secondes, puis elle redémarre en mettant le cap droit devant, vers le milieu de la baie, et accélère progressivement. Sa caméra périscopique nous offre un panorama à 360°. La vue est la même qu'hier, avant-hier, mais la luminosité a changé. L'immense voûte jaune orangé s'élargit d'une courbure de l'horizon à l'autre. Le ciel qui était chargé et menaçant s'est éclairci. Il garde sa couleur caractéristique mais le plafond nuageux est remonté. Chaque jour la vue séduit, invite à la balade, on a envie d'embarquer, grimper sur n'importe quel objet flottant et traverser, joindre une rive à l'autre, sans la conscience exacte des limites du lac, vu d'ici.

Tracy jette un coup d'œil au sillage puis à la proue pourtant si peu aérodynamique de la barge, qui s'ouvre une voie pratiquement sans aucun remou. Depuis deux jours, on multiplie les relevés et les prélèvements. La décision a été prise de construire la station de pompage ici, à l'entrée de la baie. Les ingénieurs ont renoncé à l'idée d'une plateforme offshore. Pourtant quelques-uns y étaient favorables, à commencer par Viktor, il s'en est fait l'avocat, Tracy aussi, mais ils n'ont pas obtenu gain de cause. Les rivières rechargées par les bassins versants descendent du massif et continuent à se vider. On a bon espoir que le niveau du lac remonte. Un vent s'est levé, un vent léger dont, en bons météorologues, Aiko et Hari prévoyaient l'arrivée. La mesure s'affiche à l'anémomètre mais détachée de toute manifestation concrète. L'embarcation à fond plat glisse sur l'étendue brillante comme une plaque de laiton poli, en miroir du ciel, et aussi parfaitement lisse. La faiblesse du vent n'explique pas tout. Quelque chose agit en surface, sur toute la superficie du lac, tel un tensioactif. Au moindre souffle sur Terre, des rides troublent les plans d'eau, même au milieu du désert, sur les rives du lac Eyre, on guette une risée au loin. On observe une altération du bleu du lac, assombri et troublé, une dégradation de ses capacités de réverbération dans cette zone, avant que le souffle léger du vent se déplace, qu'il abandonne cette zone pour une autre. Sur Titan, rien de comparable, les teintes du laiton ou du cuivre remplacent la couleur bleue. Et les jours s'enchaînent sans qu'une onde se propage, sans la moindre vague ou ride sur le lac. Quelque chose agit en surface. Ou par en dessous. On tentera d'en comprendre les mécanismes, une fois que nos problèmes logistiques seront réglés, c'est un chapitre du programme scientifique que conduit Aiko.

Hier, la barge a effectué ses sondages à proximité de la pointe. À présent, elle s'enfonce à l'intérieur de la baie pour se rapprocher de la plage, là où la bathymétrie est la plus faible. La pression extérieure est normale. La lumière décline un peu. L'atmosphère est pure, même si l'air est irrespirable. À quelques détails près, Titan a tout d'une terre habitable. Aujourd'hui dans l'objectif d'une caméra, demain derrière un hublot ou la visière du casque, l'illusion est parfaite et le restera. La vue séduit, attire, on se sent d'y aller, d'aller de l'avant librement. Le décor chaleureux trompe nos organes de perception et il les trompera encore demain. L'essentiel échappera aux seuls de nos cinq sens qui seront sollicités, la vue et l'ouïe. Si, quand même, un parfum troublant d'hydrocarbures.

Tracy, jour 164

On saisit chaque occasion d'observer Saturne à l'œil nu, elle n'a jamais été aussi proche. On navigue depuis hier dans son plan équatorial. Au lieu de l'air penché qu'on lui connaît, elle trône droite au milieu de ses lunes. Il ne manque que les anneaux. On les observe en forme d'ellipse, là où on pouvait s'attendre à les trouver, mais ils n'ont que l'épaisseur du trait. La perception n'est pas trompeuse. Vu par la tranche, ils ont une finesse extrême, contraire à l'intuition. Tandis que vu du dessus, ils sont proportionnés aux dimensions de la planète. Leur surface s'étend comme une soucoupe en porcelaine blanche striée de noir, et Saturne repose au milieu. Une géante gazeuse, dans des nuances de café-crème. Elle aussi est striée de bandes parallèles, plus larges et moins contrastées que celles de Jupiter. Elles alternent, un ton plus clair ou plus foncé, en fonction du sens de circulation des courants-jets dans l'atmosphère. Les lunes brillent sous la lumière du Soleil et projettent leur ombre. Titan est de loin la plus grosse en diamètre. Pourtant elle n'est qu'un accessoire, comparée à l'énormité de

Saturne. Titan orbite à l'extérieur des anneaux et les distances sont écrasées. Si les anneaux ont l'épaisseur d'un fil, Titan est une boule dorée, et ce fil la traverse. Une boule montée sur un fil d'argent, que la planète porte à la taille. Saturne trône devant nous et Titan en est le joyau. À chaque transit, on admire le spectacle des lunes qui avancent au-devant de l'obscurité. La ligne du terminateur se rapproche. Dans moins de deux jours, Titan disparaîtra derrière la face nocturne. Alors sur les images qu'on reçoit de la station Ontario, il fera nuit. On tire parti des dernières heures d'ensoleillement pour décharger du matériel. Les engins circulent autour de la navette. Leur chorégraphie est plus complexe qu'un mouvement astronomique mais aussi bien réglée.

Avant-hier le soleil était au zénith, aujourd'hui il descend sur l'horizon. Demain on sera au crépuscule, après-demain il fera nuit. Alors on commencera une nouvelle semaine de travail dans ces conditions-là, par expérience plus contraignantes pour nous. Les images de synthèse se substituent aux prises de vues réelles mais le chantier se poursuit, dans une quasi-indifférence des engins.

Journal de mission

1er-23 juin 2097

Helen, jour 167

Ce matin, Viktor et moi, on s'est équipés pour ce qui aurait dû être notre dernière visite d'inspection des cuves avant l'entrée en orbite. Au moindre incident dans un compartiment de fret, et avant ça, au moindre écart sur un relevé de mesures, *Milena* donne l'alerte, du moins elle est censée le faire. Ce qu'il y a de plus précieux à bord du vaisseau, par ordre de priorité pour elle : l'équipage, la cargaison. Elle suit de près nos paramètres vitaux, du rythme cardiaque au taux d'oxygène dans le sang, mais ne se limite pas à ça. Elle observe aussi nos attitudes, interprète les changements, les signes extérieurs de stress ou de fatigue, détecte des évolutions même discrètes, connecte des indicateurs physiologiques ou de comportement entre eux, puis elle les compare aux modèles enregistrés dans sa mémoire, aucun système prédictif plus complet n'existe sur le marché. De même qu'elle surveille de près nos paramètres, elle veille jour et nuit sur les cuves et nous alerte si besoin.

Ce matin Viktor et moi, on enfile notre équipement, et à l'heure prévue, on entre en zone de fret. Il se positionne à ma gauche en sortant du sas, et par convention, l'inspection de la cuve 53 est pour lui. Je l'attends, adossée à la cuve précédente, le coude calé par une main courante. On a répété l'exercice si souvent qu'inconsciemment, dès qu'il démarre la série de contrôles, pour moi comme pour lui, le chronomètre s'enclenche. Au bout de trois minutes, je peux dire précisément, sans avoir à lever les yeux, à quelle étape il en est. Et justement, je lève la tête et ça ne se passe pas comme prévu. Il est occupé à déverrouiller une des trappes d'accès aménagées sur le couvercle. Nos échantillons biologiques sont conditionnés en paillettes, en cryotubes et en poches, rangés dans des boîtes, placées dans des racks. Il déplace un rack et entreprend de dévisser un des trois capteurs de température dont la mesure, d'après le répétiteur extérieur, n'est pas cohérente avec les deux autres. La tige est longue, Viktor s'élève en position inclinée, la tête penchée vers le bas, au milieu d'une colonne de fumée blanche. Il dépose le thermomètre et le sécurise, puis referme la trappe. La valeur indiquée en lecture directe, dit Viktor à Hari sur le canal radio, est supérieure de presque 50°C à la valeur attendue. C'est une surprise. Non pas qu'un de nos capteurs soit défaillant, mais que *Milena* ne nous ait rien signalé. Il poursuit ses échanges avec Hari, le temps que la cuve se recharge en azote. La nouvelle est prise au sérieux. Elle ne manquera pas d'agiter les équipes au sol, préoccupées de trouver une explication, en attendant qu'on répare. Puisque sur ce point, Viktor reste confiant, la panne est réparable, sans même avoir à puiser dans le stock de pièces détachées. D'ici quelques minutes, l'équipage doit se retrouver dans la salle commune. À l'ordre du jour de notre réunion, la perte d'un des systèmes redondants sur la cuve 53, détectée ce matin, à la vingt-troisième visite d'inspection.

Aiko, jour 168

Quand la décision a été prise d'exporter à distance de la Terre le programme international de conservation des génomes, de choisir une terre d'accueil suffisamment éloignée pour mettre en lieu sûr la mémoire des espèces, comme Noé l'avait fait en son temps avec sa Grande Arche, ce nom-là s'est imposé, d'un double de l'original, d'une embarcation jumelle. Comme souvent, dès qu'on a pu mettre un nom dessus, le concept s'est affiné, celui d'une préservation par duplication et stockage sur un support physique qui reproduit le support d'origine, une copie de sauvegarde aussi fidèle que possible de l'archivage matériel et immatériel entrepris depuis plusieurs décennies à travers le monde, jusqu'à ce que les initiatives indépendantes fusionnent en un seul programme. Un jour Lee Wang est redescendu sur Terre, convaincu comme d'autres avant lui d'avoir un destin, parvenu à l'âge de la maturité, d'avoir été choisi, entouré par ses lieutenants, soutenu par ses équipes, suivi par les millions de fidèles abonnés aux chaînes d'information de l'agence. Convaincu et convaincant quand il s'est exprimé devant le conseil d'administration de l'ISA, reprenant à son compte l'idée de la biologiste Ivanova, bien décidé, puisqu'il est encore temps, à sauver ce qui peut encore l'être, construire un grand vaisseau et y entreposer ce qui jusque-là était conservé en ordre dispersé, prélever spores, graines, pollens ou gamètes, mâle et femelle de chaque espèce, en dresser le catalogue et les archiver, non pas en surface ou dans le sous-sol terrestre, puisque tout ça a déjà été fait, mais définitivement hors d'atteinte. Il a su convertir à sa cause les administrateurs de l'agence, négocier le soutien des pays fondateurs, d'autant plus facile à obtenir que la grande entreprise de collecte, de tri et de conditionnement des génomes, voulue par Lee Wang sur le modèle de la Grande Arche, ne va rien leur coûter. D'après ses calculs, la mission peut être financée par vingt-cinq mille contributeurs, femmes et hommes à parts égales, tirés au sort parmi les candidats capables de payer le prix du ticket d'entrée, autorisés en contrepartie à mettre en lieu sûr leur génome, à profiter du voyage pour asseoir définitivement leur position dans le règne animal, endossant cette responsabilité devant nous tous, portant devant l'humanité entière le poids considérable de la représenter, loin, très loin de notre berceau, et pour l'éternité. Ce en quoi Lee Wang trahit la doctrine de celle qui a inspiré cette mission. Sur la question de constituer un échantillon de la population humaine, plusieurs méthodes ont été envisagées, et c'est la plus pragmatique selon lui qui a été retenue, dans un contexte général de crise et de restrictions budgétaires, la seule qui garantissait à l'agence de pouvoir mener la mission à son terme. La plus pragmatique et néanmoins la plus contestable, en tout cas qui a été largement contestée, y compris à l'intérieur de l'agence, derrière la solidarité de façade et l'esprit de corps, on sait bien qu'en interne, le principe était loin de faire l'unanimité. Des voix se sont élevées, qui ne sont pas les nôtres, tenus tous les cinq au devoir de réserve, ce qui n'empêche pas de s'interroger. Et même aujourd'hui, à presque neuf unités astronomiques de la Terre, on y pense, on peut s'autoriser à penser autrement, à la responsabilité que l'on porte, qu'un astronaute endosse et partage avec ses coéquipiers chaque fois qu'il accepte une mission. Les modalités d'échantillonnage de la cuve 53, je ne suis pas sûre qu'un seul d'entre nous y adhère sincèrement. Pourtant d'une loyauté sans faille, on mènera notre mission jusqu'au bout.

Helen, jour 168

Si j'étais une IA douée de conscience et raisonnable, si ma préoccupation était de sauvegarder la cargaison sur le long terme, en la préservant d'une espèce invasive, je ne m'y prendrais pas autrement. Personne ne le formule de manière littérale mais l'idée circule entre nous. Il suffit d'écouter le discours sous-jacent comme on a appris à le faire, glisser de l'implicite et des non-dits dans nos échanges. Ce soir on s'attarde, on prolonge la discussion après le dîner, au lieu de vaquer chacun à ses occupations. Viktor revient sur notre inspection de la veille et un souvenir qu'il a. À sa manière il meuble l'attente dans laquelle on est. Les ingénieurs à Darwin se sont attaqués au problème de défaillance du thermomètre et tentent de trouver une explication satisfaisante. Ils ont constitué une équipe, on ne parle pas encore de cellule de crise.

L'accident a eu lieu dans les locaux de l'Institut Mira, nous raconte Viktor, au sous-sol, là où étaient entreposées les réserves d'azote liquide. L'histoire lui a été rapportée par son frère Anton qui encadrait l'équipe technique. Dans les années 2060, avant que Saint-Pétersbourg se vide de ses habitants, une centaine de chercheurs étaient rattachés aux laboratoires de la rue Mira, et à peu près autant de techniciens et d'employés. Puis à son tour l'institut s'est vidé et à la fin, ils n'étaient plus qu'une dizaine à l'entretenir. L'explosion d'un réservoir d'azote liquide s'est produite un matin, à l'heure de la pause, à cause d'une surpression. Le capteur de température était défectueux. La maintenance avait été suspendue et les contrôles se limitaient à la lecture des niveaux. D'après les conclusions de l'enquête interne, un lent réchauffement a provoqué la vaporisation progressive de l'azote liquide à l'intérieur du réservoir, et une montée en pression sur plusieurs semaines. Il existait des protocoles d'utilisation et de maintenance, nous dit Viktor, mais ils n'étaient plus suivis depuis longtemps. La pénurie était générale, les techniciens manquaient de tout, de pièces de rechange et de moyens humains. La décision a été prise ce jour-là de liquider le stock. Ils ont transporté les bonbonnes d'azote liquide sur les rives de la Neva. Ils les ont alignées le long du quai, ils ont ouvert les couvercles, et pendant de longues minutes, un brouillard est monté de la rive comme en automne, avant de glisser au-dessus des eaux du fleuve et se disperser, poussé par le vent. Si j'étais une IA douée de raison et consciencieuse, si je décidais d'éliminer une cuve, de mettre son contenu définitivement hors d'état de nuire, je m'y prendrais probablement de cette façon. Puisqu'il suffit de pas grand-chose, modifier un des paramètres de contrôle, neutraliser les outils de détection, ensuite le processus suit son cours, d'un lent dérèglement.

Aiko, jour 169

J'ai rejoint Viktor à l'atelier, occupé à réparer le capteur de température, on a avancé le travail et à l'heure de la pause, on a décidé d'aller prendre un bol d'air dans la serre, d'aller respirer de l'oxygène frais directement à la source, attentifs aux odeurs qui se mélangent des végétaux parvenus à différents stades de maturité. En entrant, on a été surpris tous les deux par l'intensité de la lumière qui d'habitude est plus douce et tire vers les longueurs d'onde du rouge, un éclairage que *Milena* module en fonction des besoins des plantes, et je me suis fait la remarque qu'un changement un peu radical des conditions est une source d'inquiétude diffuse pour l'équipage. Elle est liée au retour d'expérience de l'agronomie spatiale, au constat que sur des missions de longue durée, des cultures développées dans le meilleur environnement possible, alors que tout a été pensé et les spécimens sélectionnés pour s'adapter à une gravité plus faible, ces cultures que l'on croyait résistantes, aptes à garantir notre sécurité alimentaire, connaissent souvent au fil des mois un vieillissement accéléré. Même si les conditions sont idéales en matière de luminosité, de ventilation, de température, d'apport en nutriments, elles s'affaiblissent, dégénèrent, je peux en témoigner, au bout d'un laps de temps plus ou moins long, pas seulement quelques plants, quelques mètres carrés, c'est l'espèce qui est atteinte, des champs entiers à l'échelle de ce qui se fait dans l'agriculture hors-sol, ou pour la production en bassin, un élevage entier d'algues marines. On dirait d'autant plus facilement dans de telles conditions, celles d'un confort optimal pour nos plantes, quels que soient les soins qu'on leur apporte, tandis que la bataille s'engage, que rien n'est plus cruel, elles s'étiolent sous nos yeux chaque jour davantage, inspirant le désarroi à ceux qui s'en occupent, et au-delà, la tristesse à l'équipage qui vient ici se ressourcer, dans les serres, devant nos étagères, au-dessus des vitres de nos bassins aquacoles agités de courants, on peut les prélever, les toucher, les sentir, ou simplement les regarder, se rassasier de leur couleur, des mille et une nuances de vert des chloroplastes.

On assiste en accéléré à ce qui se passe sur Terre chaque fois qu'une espèce s'effondre dans son programme, son encodage. Ce concept popularisé par l'astrobiologiste Ivanova, ce concept d'érosion génétique dont on lui attribue la maternité, il faut remonter plus loin dans le temps pour en trouver l'origine, au début du XXe siècle, et c'est à cet homme qu'elle a rendu hommage, le soir où elle est venue nous parler à l'issue de notre conférence de presse, où elle s'est adressée à nous individuellement avant de féliciter l'équipage. Ce jour-là, elle n'a pas seulement honoré un engagement, elle avait un message à nous délivrer, une histoire à nous raconter. Elle a commencé par ces mots, qu'un homme était mort en 1943 dans les geôles de Staline, un des grands savants russes de son temps, biologiste et spécialiste de la génétique des plantes. Un homme porté par l'idée de progrès, inébranlable dans sa foi, passionné par sa quête, mort d'avoir cru jusqu'au bout que la rigueur scientifique et la vérité pouvaient triompher. Et qui nous a laissé en héritage ce qu'il savait être sans prix pour notre avenir. Parce que le temps ne s'achète pas. Parce que les millions d'années nécessaires au vivant pour constituer son patrimoine ne s'achètent pas. Un trésor dans des armoires et des tiroirs en bois. Des milliers de rhizomes, de tubercules, de sachets de graines, dans les couloirs, dans les sous-sols de l'institut fondé par Vavilov. Et lui qui n'est déjà plus là, quand démarre le siège de Leningrad, pour sauver ses collections, me dit Viktor. Ce que ses collaborateurs ont fait. Ils sont morts de faim mais ils l'ont fait. Neuf cents jours de blocus, dit Viktor, et quand il n'y a plus rien eu, au bout de la famine, tout, absolument tout a été tenté, l'écorce des arbres, la cellulose du papier, les courroies des machines dans les usines, le cuir des courroies que l'on a réduit en bouillie et la colle de poisson en gelée. Neuf cents jours, répète Viktor, et au milieu du désastre, un bastion. L'œuvre de Vavilov à défendre et ils l'ont défendue. Là où il n'y a plus aucun espoir de survie, mais encore un sens donné à leur vie. Les mots notés dans les carnets des survivants, jour après jour, promesse tenue jusqu'à leur mort, on ne mangera pas les collections. Il est celui qui a inspiré notre mission. Celui qui au début du XXe siècle a financé des expéditions, parcouru lui-même les continents. Son héritage, c'est la création d'une banque mondiale de semences, la première dans l'histoire, une collection de son vivant, des dizaines de milliers d'espèces ou de variétés endémiques préservées de la disparition et qui nous sont parvenues. Dans le centre historique de Saint-Pétersbourg, au numéro 13 de la place Saint-Isaac. Qu'elles soient parvenues jusqu'à nous, se souvient Viktor, ne doit rien au hasard et ne tient pas du miracle. La place Saint-Isaac, bientôt submergée par la montée des eaux jusqu'aux premiers étages, et ça va continuer.

Tracy, jour 169

Cinquante-deux cuves. Le cas de la cinquante-troisième, pourtant plus petite, fait débat. Voilà comment Lee Wang nous a présenté les choses. Cinquante-deux cuves cryogéniques, de contenance identique, elles transporteront le matériel génétique d'un million deux cent mille espèces. Destination finale : Saturne VI selon la nomenclature officielle, la plus grande lune de Saturne. Il dîne un soir, sur le port de Tianjin, en compagnie de l'astrobiologiste Svetlana Ivanova. Elle est l'ambassadrice d'un programme international de conservation des espèces. Elle s'intéresse à l'ambition et aux valeurs qui fondent l'action de Lee Wang à la tête de l'agence. Le pacte de Tianjin entre elle et lui signe l'acte de naissance de la mission. L'engagement pris par Lee Wang aurait dû la satisfaire. Mais des divergences apparaissent à propos de la cuve 53, sur la question du contenu de la cuve. Et par conséquent des modalités de financement du programme. Puisque selon le schéma qu'il propose, l'un conditionne l'autre. Cette concession qu'il a accepté de faire, pour boucler son budget, d'attirer des fonds privés. Une idée qui n'est pas la sienne, qui lui a été soumise par son prédécesseur, à laquelle il adhère faute de mieux, c'est ce qu'il dit. La formule n'est pas nouvelle, elle a été inventée par le tourisme spatial à ses débuts. Faire payer l'accès à l'espace au prix fort, faire monter les enchères. Cette fois l'enjeu est tout autre, pour ceux qui en auront les moyens, non pas un beau spectacle mais un espoir d'immortalité. Voilà la promesse qui leur a été faite. Ce mode de financement, préféré à tout autre, a scellé le destin de la cuve 53. Lee Wang et Svetlana Ivanova. Est-ce qu'il le sait, lui qui a obtenu gain de cause, si elle lui en a tenu rigueur après coup ? Si elle lui en a voulu d'avoir dû négocier dur, non seulement avec lui mais avec elle-même ? Deux visions de l'homme, opposées et irréconciliables, pas forcément, c'est ce qu'il prétend. S'il n'avait tenu qu'à lui, sans besoin de financements extérieurs, on s'en serait tenu à l'idée de départ. À la règle énoncée par Ivanova quand ils ont parlé du projet. De l'urgence d'un tel projet. N'importe quelle forme du vivant, sauf nous. N'importe quel génome de n'importe quelle espèce, et autant d'espèces que possible, parmi celles que l'on connaît. Toutes, à l'exclusion d'une seule. Finalement non. Dans deux mois, si le calendrier est respecté, on débarque la cargaison. Cinquante-trois cuves, et pas une de moins. On vient de réorganiser le planning d'inspection. Aiko et moi on s'associe pour renforcer l'effectif et installer un roulement. L'objectif est d'augmenter la fréquence des visites, d'intensifier les contrôles pendant les deux dernières semaines de notre présence à bord.

Helen, jour 170

Le faisceau lumineux balaie le front de taille et la zone de stockage à la recherche d'indices. Il se concentre sur le flanc ouest de la carrière et une portion du terre-plein, là où les derniers blocs taillés ont été abandonnés. Ils brillent dans la lumière fixe des phares, le rover est à l'arrêt pour l'instant, le moteur tourne au ralenti. Son bourdonnement accompagne celui de la tête du projecteur quand elle pivote. Hari a pris en main le pilotage, à quatre jours de l'entrée en orbite, jamais le délai de transmission n'a été aussi court. Entre deux séries de consignes, le rover interrompt ses observations, le temps qu'on interprète les résultats. Les capacités d'initiative de *Milena*, sa marge de manœuvre, ont été réduites au minimum, c'est un choix provisoire et délibéré de notre part. Le fait qu'un de nos engins de chantier manque à l'appel est une situation inédite. Quel que soit son état, à l'arrêt ou même hors service, sa balise devrait continuer à émettre et *Milena* à relayer son signal. Les coordonnées du dernier pointage enregistrent sa position au sud du terre-plein. Quelle était sa charge ? Il descendait à vide, précise Hari. Ce qui est déjà une anomalie.

Depuis qu'un engin est sorti des radars, on a rapatrié la flotte qui travaillait à la carrière ou au bord du lac. Les caméras thermiques des drones ne repèrent plus aucun signe de vie au-delà du périmètre de la base, à l'exception de la tache lumineuse, au nord de la plaine, dont on surveille la progression. Le rover d'inspection vient de s'engager à vitesse réduite sur les treize kilomètres qui séparent la carrière de la station. Dès qu'on s'éloigne de la colline, le terrain change brusquement, on quitte une surface décapée artificiellement au profit d'une piste dure et poussiéreuse, damée par la circulation, qui ressemble à n'importe quelle piste de l'outback. Pour se procurer un matériau de construction, une voie d'accès a été ouverte en direction des premiers contreforts du massif à la recherche d'une roche saine. Au moment du tracé, on a fait au plus simple, donc pas obligatoirement en ligne droite. Dans la lumière puissante des phares, la piste émerge de l'obscurité, progresse vers nous, s'avance à notre rencontre, avant d'être engloutie. Les dos ronds de galets brillent durant quelques secondes, dispersés et à demi enfouis dans le sable, translucides comme de la glace qu'ils sont vraiment. À cette heure, la nuit est une matière noire chimiquement pure, brièvement ouverte, creusée par le rover, et qui se referme derrière lui. Il enregistre les traces laissées au sol par le va-et-vient des engins et nous les transmet avec la meilleure résolution possible. On continue à interpréter les images sans l'aide de *Milena*. On a fait le choix d'une enquête indépendante, en attendant qu'elle nous éclaire sur la panne en zone de fret qu'on a détectée avant elle.

Le rover aborde la première courbe. Elle permet d'éviter une cuvette qui était à sec quand la voie a été tracée, qu'on aurait pu traverser, mais qu'on a préféré contourner et on a bien fait. En théorie aucun véhicule ne s'est jamais écarté de la piste, le sol est vierge de part et d'autre. L'engin que l'on cherche est le matricule 15 d'un modèle Scorpio. Le rover ralentit à l'entrée de la courbe. Il ralentit encore et s'arrête. Sur les images qu'il nous renvoie, les traces de roues quittent la voie de gauche, franchissent le bas-côté et se poursuivent droit devant, au-delà de la portée des phares. Elles sont compatibles avec un Scorpio qui roulerait à vide sur le chemin du retour et aurait maintenu une trajectoire rectiligne au premier virage. Il est possible, si on prolonge la tangente, de traverser l'étroite bande littorale sans rencontrer d'obstacle, jusqu'aux berges du lac. Le point de contact se situe à peu près à mi-chemin entre la station de pompage et le fond de la baie.

Helen, jour 171

L'obscurité est complète, sans perspective d'amélioration à court terme, sans l'espoir d'une lueur à l'horizon qui faciliterait les recherches, puisqu'il nous reste encore trois jours de nuit à traverser. On a élargi le champ d'investigation. On reprend l'enquête non pas là où on l'a laissée, mais sur les rives du lac. Un des robots sous-marins vient de franchir la pointe, il progresse vers l'intérieur de la baie. Une plage s'est constituée, des dépôts se sont accumulés à l'embouchure de la Karesos, mais il n'aura pas besoin d'aller jusque-là. La trajectoire du Scorpio, après sa sortie de route, on la connaît. Ou plutôt, on peut extrapoler, quand au lieu de respecter la courbe, il a pris la tangente et continué tout droit. Dès que le soleil se lèvera, les traces au sol indiqueront le chemin le plus direct entre la carrière et le lac, tracé par le Scorpio dans son geste de désertion.

Le rover d'inspection est à nouveau à pied d'œuvre. Parti de la station de pompage, il s'est éloigné en longeant la berge. Le point d'intersection entre les traces de roues et la ligne de rivage, l'endroit où la trajectoire s'interrompt, il vient de le repérer au kilomètre 5. Escortés par les drones, ses phares et son projecteur balaient la zone. On attend les prises de vues sous-marines pour en avoir confirmation, mais les premières données confirment notre hypothèse. Selon toute probabilité, le Scorpio 15 emporté par son inertie a poursuivi sa course, il s'est ouvert une voie à travers le lac, aidé par la faible densité du méthane. À présent il gît à distance du rivage, par trois mètres de fond minimum, qui est la hauteur de son mât replié. Chacun évalue mentalement quel serait le coût d'un sauvetage, le prix à payer, en temps et en énergie, si on décidait d'agir vite. Sachant que chaque jour supplémentaire d'immersion engage davantage son pronostic vital. Quel serait à court terme le coût du renflouage, évalué en heures de travail et en nombre d'engins qu'il faudrait mobiliser au détriment du chantier ? À mettre en balance avec le retard qui s'est creusé, qui nous a déjà contraints à reporter la mise en service des installations.

Si on interrogeait *Milena*, elle nous conseillerait d'attendre. On a tellement intériorisé ses préceptes, la logique de son raisonnement, qu'il est facile d'anticiper ses analyses et les conclusions qu'elle en tire. On a perdu un engin de chantier et on va devoir se résoudre à le laisser là. Réduit ou non à l'état d'épave, il est trop tôt pour le dire. Une fois sur place, on pourra en juger par nous-mêmes.

Aiko, jour 175

Hier soir, Hari m'a accompagnée sous la coupole pour la première pause qu'on s'autorisait depuis que l'*Olympic* est entré dans le champ gravitationnel de Titan, l'objectif étant d'atteindre l'orbite du *Titanic*, de se placer dans son sillage puis de stabiliser notre trajectoire, le vaisseau de fret exclu de tout contact visuel dans le respect des distances de sécurité, mais suffisamment proche pour qu'on puisse organiser des transbordements. Le silence est retombé, celui qui suit les phases d'accélération ou de décélération, à l'instant où *Milena* a coupé les moteurs principaux, nous signifiant par là que la manœuvre était terminée, un succès complet dont on peut difficilement s'attribuer le mérite puisque sur notre temps de travail et de concentration, on n'a fait qu'assister au spectacle, mais maintenir un niveau élevé de concentration dans la durée est un travail à part entière quand on n'intervient pas, qu'on nous demande juste d'être en capacité de le faire. Dans ces cas-là on se relaie, on forme des binômes et un roulement s'installe, par tranches de quatre ou cinq heures, à l'exemple des officiers de quart, mais contrairement à eux en simples observateurs, on saurait faire, on serait capables de se substituer à l'IA en cas de défaillance, mais selon un autre protocole, d'autres manœuvres, à l'identique non, la rapidité et la précision dont on est témoins n'appartiennent qu'à elle.

Quand les moteurs ont été coupés, que le bruit est retombé, qu'on prétendait ne plus entendre, mais quand ça s'arrête, on comprend que si, quand même, on s'est regardés, Hari et moi, assis seuls derrière les consoles de pilotage en salle de contrôle, nos camarades dormaient et notre cerveau fatigué nous conseillait d'en faire autant, mais la tension et l'excitation étaient trop grandes, parvenus à cette étape-là de la mission, on aurait eu trop de mal à trouver le sommeil, enfermés depuis cinq heures dans un espace aveugle, on avait surtout mieux à faire que d'aller se coucher et reporter au lendemain le geste d'aller le saluer, notre nouveau monde, la terre qui nous accueille, autour de laquelle on tourne désormais, dans le même sens de rotation mais plus rapidement. On a dégrafé nos ceintures, nos corps se sont élevés dans l'habitacle, on a effectué la même figure aérienne de basculement et de rotation pour se placer dans l'axe de la sortie, après quoi Hari m'a saisie par le bras, comme il le fait souvent, et on s'est servis de notre main libre pour guider l'attelage à travers la salle, puis le long de la coursive, jusqu'à notre poste d'observation, une fenêtre ouverte sur le cosmos découpée dans le toit de l'*Olympic* qui par là se distingue du *Titanic*. À l'aplomb de la coupole, une lumière zénithale dessinait un disque parfait au sol dans une ambiance d'automne, Hari a lâché mon bras, on s'est aidés des mains courantes pour atteindre les sièges, on a pris soin de se sangler à nouveau, alors seulement on a levé la tête et on l'a vue. À la fois telle que je l'imaginais, telle que je me l'étais représentée, et pas du tout. Non pas pleine et entière, une pleine lune rousse, mais juste un croissant, un premier quart de lune renversé, observé en contre-plongée.

Helen, jour 176

Six drones tournent à basse altitude au-dessus des installations comme des oiseaux de proie, leur œil rivé au sol, sous le regard d'Hari. Les données recueillies sont transmises à *Milena* et restituées graphiquement sous la forme d'une modélisation en trois dimensions. N'importe quelle pièce de structure peut à la demande se détacher du schéma d'ensemble, basculer ou pivoter sur elle-même. Elle se prête à un examen sous tous les angles, avant de réintégrer sa place. Si un doute subsiste, elle est mise en quarantaine sur l'écran voisin où les paramètres et les points de contrôle défilent, au fur et à mesure que *Milena* progresse dans son travail d'investigation, en parallèle des nombreuses tâches de fond qu'elle exécute chaque seconde. Et ça va très vite, même pour le cerveau surentraîné d'Hari, le seul d'entre nous qui est capable d'entrer dans sa logique, d'anticiper la direction qu'elle va prendre. Quel que soit leur degré d'intimité, il échouera toujours à la suivre dans les étapes de son raisonnement. Pour l'instant il se contente de formaliser au mieux ses demandes, lancer une requête et attendre les conclusions de *Milena*. Aux prises avec le dernier module habitat, embourbée dans un test d'étanchéité du sas de secours, elle dialogue depuis de longues minutes avec les drones, sans résultat. La faute aux drones. De manière générale, la faute à toutes ces extensions d'elle-même qui n'ont pas la robustesse d'une ligne de code, toutes ces interfaces physiques, appareils et engins connectés, imparfaits, perfectibles, qui lui permettent d'évoluer dans le monde et de le transformer. La défaillance viendra toujours de là, du matériel qui lui tient lieu de bras, de jambes, d'organes de perception. Là est son point faible, son talon d'Achille, dit Viktor, à part ça elle plane, contrairement à nous, au-dessus des contingences. Le cerveau de *Milena* à qui on prêterait volontiers toutes les vertus, au prétexte qu'il ne fait pas d'erreur, qu'il ne tombe jamais en panne. Le fait est, constate Hari, jusqu'à preuve du contraire.

Au troisième jour de la journée, on supervise les derniers travaux avant de réaliser la mise en service des installations. Assis côte à côte, Aiko et Viktor observent les engins de chantier qui se meuvent avec facilité, sous des angles différents, et un tempo propre à chacun pour un œil averti. D'infimes détails les caractérisent, une démarche, un trait de comportement, mais ce qui frappe d'abord, c'est une régularité de métronome, calés sur le programme du jour et les tâches qu'ils ont à accomplir, seuls ou en coopération, sans stress, imperturbables. Ils nous préparent le terrain, un accueil digne de ce nom, attentifs à bien nous recevoir, un toit au-dessus de notre tête, un air conditionné, une énergie pour nous chauffer, de quoi boire, pas encore de quoi manger. On assemblera les éléments des deux serres après l'atterrissage. Mais pour le reste, on espère avoir l'essentiel à disposition à notre arrivée, un schéma complet de production capable d'assurer notre autonomie.

Les robots comme les humains ont une courbe d'expérience, ils gagnent chaque jour en efficacité et en indépendance depuis neuf mois qu'ils sont là. La variété que l'on a perdue, dans cet échantillon du vivant dont nous sommes les représentants, on la retrouve chez eux. Ils sont les jambes et les bras de *Milena* mais pas seulement, ils ont une intelligence collective, une intelligence qui leur appartient, il suffit de les regarder faire, d'observer leurs comportements d'insectes sociaux, ils perçoivent, enregistrent des informations du monde extérieur et de leurs congénères. Tous leurs capteurs en alerte, ils perçoivent, échangent, et ça se voit. On observe les robots en entomologistes, en éthologues, ce sont eux qui nous renseignent sur cette frontière mouvante, ici sur Titan, entre l'animal et la machine, en l'absence de non-humains, et dans le réflexe où l'on est de les chercher partout en compagnons de route, partout autour de nous, de n'importe quel endroit, depuis nos origines. Frontière poreuse ici et qui nous convient, poreuse et rassurante, entre le vivant et la machine, depuis que les robots imitent ce que la nature sait faire de mieux.

Ils nous accompagnent, collectent, construisent pour nous, par la simplicité de leurs lignes, leur robustesse, leur habileté, aussi parfaitement conçus qu'ils le seraient s'ils l'avaient été naturellement, si seule la nature s'en était mêlée. Mais non, on s'est inspirés d'elle, en plus simple, moins coloré et non reproductible, incapables de croître et se multiplier. Ou plutôt si, capables de se dupliquer mais jusqu'à un certain point seulement, d'usiner leurs pièces de rechange et de collaborer, mais sans division cellulaire ni clonage, et a fortiori sans reproduction sexuée. Et on sait bien quel rôle la couleur joue dans tout ça, dans l'attirance. On pourra bientôt les toucher, les nourrir, les réparer. Une fois sur place, notre statut change, dit Viktor, on devient les gardiens du troupeau.

Ils sont les jambes et les bras, les pieds et les mains de *Milena*, notre divinité aux prolongements multiples, plutôt qu'un cerveau condamné à l'immobilité, un esprit libre aux membres pléthoriques, si on compare au portrait de Shiva, dans la salle commune, qui n'en compte que six. Depuis plus d'un siècle, la robotique puise à la source, là où les meilleures solutions ont été inventées, puis on exporte nos inventions dans l'espace, emportant dans nos bagages un peu du génie de la Terre. On débarque, on s'adapte, on surveille, à l'écoute de tout ce qui sonne, bruisse, grince, ronronne en flux coordonnés, avec *Milena* aux commandes, Viktor en Maître des horloges et Hari en Grand Horloger. La Grande Roue industrieuse qui extrait et transforme sans épuiser, sans risque de ce côté-là, tellement la ressource est abondante, et pas seulement rapportée à l'effectif de notre colonie. Ils travaillent main dans la main, creusent, excavent, terrassent, taillent la roche et montent des murs, selon une chorégraphie supervisée par *Milena* au millimètre près. Ils s'affairent sept jours sur sept, vingt-quatre heures sur vingt-quatre, et le résultat n'est pas spectaculaire, leurs réalisations n'écrasent pas le paysage, aucune architecture ne pourrait dominer un paysage comme celui-là ni même rivaliser, sauf peut-être une pyramide d'Égypte, la seule architecture d'envergure qui nous est accessible et pas complètement disproportionnée quand on pense à ce que représente notre présence ici. Parmi les constructions édifiantes, capables de résister aux ravages du temps, ce serait un bon choix pour marquer l'emplacement du centre de stockage, puisqu'il faut bien y penser, à la manière de signaler sa présence, préserver l'information, la placer au grand jour. Une pyramide est à notre portée, dit Hari, si on tient compte des outils de production dont on dispose. Pour ça il faudrait avoir du temps devant nous, souligne Tracy, pragmatique. Sous-entendu, du temps à gaspiller en travaux inutiles. Inutiles à notre survie à court terme, c'est vrai, mais quand le cap sera franchi ? Comme dans un passé lointain, ceux qui ont dressé les mégalithes en Europe, la volonté qu'ils avaient de défier le temps, de marquer définitivement un territoire de leur présence, la Terre de leur passage. La preuve est faite, puisque leur entreprise est parvenue jusqu'à nous, pourtant coûteuse en temps et en énergie, dès que la satisfaction de nos besoins vitaux est assurée, alors oui, on franchit l'étape suivante, de satisfaire d'autres besoins.

Helen, jour 177

L'environnement de Titan est complexe mais sa lenteur ne l'est qu'à l'échelle d'une vie humaine. À sa surface, on évolue dans un écosystème, avec une dynamique et des cycles longs. Les températures sont basses mais compatibles avec un point triple, la matière dans ses trois états, solide, liquide ou gazeux. Sur Terre, l'eau. Sur Titan, le méthane. Et certes l'atmosphère est irrespirable, mais elle n'est pas toxique. Simplement, dans le mélange d'azote et d'oxygène qui constitue sur Terre l'air que l'on respire, il nous manque ici l'oxygène. On trouve partout des atomes d'oxygène dans la roche, sous forme de glace d'eau. Mais deux de ces atomes liés entre eux et relâchés naturellement dans l'atmosphère, le dioxygène dont on a besoin, il n'y en a pas. Titan est un monde sans oxydation ni respiration. Le gaz qu'il nous faut pour vivre, on le synthétise. Les machines vont s'y employer. De manière intensive au début, le temps de reconstituer les stocks. Nos besoins sont importants mais la part que l'on respire est négligeable. On doit d'abord produire de quoi alimenter les moteurs en comburant et faire le plein des réservoirs d'ergols des navettes.

On procède aujourd'hui au premier test de mise en service. À quinze heures UTC, plusieurs engins convergent vers le front de taille. Ils mobilisent leurs capacités d'extraction de la glace puisqu'un cycle de production démarre là, puisqu'il n'y a pas de survie possible sans ressource en eau prélevée sur place, une fois dépassée l'autonomie de la navette, le temps d'industrialiser le procédé. Il reste proportionné aux dimensions d'un équipage de cinq personnes, mais ce qui vaut pour cinq pionniers vaut pour une colonie entière, ce n'est qu'une question d'échelle, de taille des infrastructures, la technologie reste la même, éprouvée et rodée, il ne s'agit pas d'innover. L'électrolyse de l'eau est un procédé simple et elle a fait ses preuves, l'oxygène capté à l'anode, l'hydrogène capté à la cathode, chaque gaz sera refroidi, liquéfié, stocké en cuve, ça n'a rien de révolutionnaire. Les flux entrants et sortants s'affichent en jaune ou bleu devant moi. Après que la roche glacée a été fondue et purifiée, il existe un endroit sur le schéma de production où notre avenir bifurque, l'embranchement d'une vie possible sur Titan. Elle est matérialisée par une simple canalisation qui recharge en eau liquide notre réservoir d'eau potable, à défaut d'eau de pluie, une belle installation compacte et robuste, conçue pour les bases lunaires, transportée en pièces détachées dans les soutes du *Titanic* et qu'il suffit d'assembler. Que les robots ont eu pour tâche d'assembler au cours de cette phase essentielle de la mission dite de pré-implantation. C'est à Viktor qu'incombe la responsabilité de superviser la mise en service du support-vie, la priorité des priorités, simple en théorie et simple dans la pratique, d'après lui. Il le voit comme un jeu d'enfant à qui on distribuerait de gros glaçons à faire fondre, un stock illimité de glace à sa disposition. À ce détail près que la glace est constituée d'un mélange d'eau et d'ammoniac chargé de particules qu'il faut traiter. Pour cela il faut chauffer, vaporiser, séparer les éléments, puis refroidir, condenser, comme en cuisine, séparer le blanc du jaune, réserver l'ammoniac et faire circuler l'eau.

Aiko, jour 178

L'équipage va débarquer au cours de l'été austral, sept mois avant l'équinoxe d'automne qui marque le changement de saison dans l'hémisphère sud. À l'approche de l'équinoxe, le ciel se charge, des orages éclatent, des tempêtes se lèvent, l'immuabilité des lieux est chamboulée, une dynamique s'installe, une intranquillité passagère, cela dure quelques mois, exceptionnellement l'équivalent d'une année terrestre, puis la paix revient, durable, et le silence des grands déserts. Ce silence qui les caractérise quand les conditions sont stables, que l'atmosphère est pure, cinq années, pas l'ombre d'un nuage, six années, aucune pluie, ou bien localement, des épisodes violents et brefs, puis à nouveau un ciel sans nuage, qui devrait ce ciel, dès que la nuit tombe, nous ouvrir au cosmos, aux galaxies lointaines, à notre Voie lactée, mais non, on sait à quoi s'attendre. À la surface de Titan, les nuits sont noires car l'atmosphère est épaisse, huit cents kilomètres, et dense à la fois, alourdie par les tholins, bien trop dense aux altitudes basses et moyennes pour qu'il nous soit donné d'apercevoir une étoile, même une nuit d'été par temps sec, quand le ciel est parfaitement dégagé, moi qui ai étudié sa chimie en laboratoire, reproduisant ses réactions au plus près des conditions réelles, du jour au lendemain, c'est un laboratoire à ciel ouvert qui s'ouvrira. Nos instruments sont déjà au travail, on les rejoindra bientôt, je laisserai derrière moi la paillasse, le matériel de pointe, les outils de simulation, après le modèle simplifié c'est l'expérience grandeur nature qui nous attend, qui s'annonce plus riche d'enseignements que tout ce qu'on avait pu imaginer, à la fois cohérente avec nos résultats et déroutante, une chimie du carbone dont il faudra des décennies aux scientifiques pour comprendre la finesse des mécanismes, en espérant que des moyens seront alloués, que des missions succéderont à la nôtre.

Certains n'y voient qu'un monde pétrifié, congelé, quelque part entre le désert de glace et le désert de sable. Un monde inanimé, si parfaitement inanimé qu'après la pluie rien ne pousse, pas le moindre tapis de fleurs violettes, jaunes ou blanches, qui n'attendent que ça dans le bush, les graines en sommeil, pour germer, même après des années de sommeil. Titan est davantage qu'une lune glacée. La chimie des tholins a modelé des paysages qui s'ouvriront bientôt devant nous, un horizon borné sans possibilité d'accès au ciel profond, mais avec en contrepartie la terre ferme, du dur, du solide sous nos pieds légers, des pieds qu'on aimerait plus lourds, ancrés plus lourdement que sur la Lune, mais c'est déjà ça, c'est mieux que pas de gravité du tout. Debout ou assis, j'ai hâte que nos positions reprennent du sens et la vision une profondeur de champ, confrontés à l'immensité austère et calme des paysages façonnés sur un temps très long, et sur lesquels, sur ce territoire-là, cette fois personne n'interviendra, au-delà du périmètre restreint de la base et du sanctuaire qu'il va falloir construire.

La première tentative de mise en service, hier, a tourné court. On avait déjà franchi dans nos têtes cette étape, à la manière d'une simple formalité, quand tout s'est arrêté, quand *Milena* s'est figée, a stoppé la procédure, comme un refus d'obstacle après un parcours sans faute et spectaculaire de précision. On a vu à l'écran des segments du schéma de production s'allumer en rouge et l'hémorragie se répandre, tandis que les prises de vues extérieures de nos infrastructures flambant neuves ne disaient rien, rien d'autre que le silence d'une chaîne de production en panne avant même d'avoir véritablement démarré. Et que les jauges d'oxygène bougent à la sortie de la cuve à hydrolyse, alors que rien ne s'était passé en amont, que pas un gramme de glace n'avait été fondu, aurait dû nous alerter. Mais les opérations s'enchaînent et les données défilent vite, on s'en est rendu compte plus tard, en reprenant le protocole de zéro, en décomposant pas à pas. Que *Milena* échoue dans sa première tentative n'a rien d'alarmant, l'hypothèse avait été envisagée, tenue par les ingénieurs pour la plus probable, pourtant l'équipage y a cru jusqu'au bout. On s'était préparés avec toute la rigueur nécessaire, on ne pouvait pas l'être davantage, en attendant le jour J, celui des derniers raccordements, des derniers tests, anticipant déjà la suite, les indicateurs de puissance nominale et les jauges qui grimpent, la production qui monte en régime sans accroc, qui atteint rapidement son rythme de croisière et les volumes attendus. On se projetait déjà dans l'après des restrictions, du rationnement, les citernes d'eau et de gaz liquides qui se remplissent comme dans un rêve et débordent, et fertilisent, là où il n'y a pas le début d'une terre agricole mais des terrains à perte de vue, l'eau et l'énergie qui nous sont indispensables, de quoi nourrir de grands projets.

Aiko, jour 179

C'est une petite cousine de la Terre, beaucoup plus froide et stable géologiquement, plus mesurée dans ses réactions, dans l'amplitude de ses phénomènes, sans l'exubérance de la vie, sans la variété et la profusion de la vie, mais dotée d'une âme pour qui sait la regarder, changeante, ne serait-ce qu'à l'échelle de la journée selon la lumière, et d'une étonnante sérénité comme le sont les grands déserts chez nous. Belle de son immensité, de la sensation d'immuabilité que procurent les paysages, vierges, stériles, du minéral à perte de vue, sans être monotone, mais sobre, oui, nuancée dans les contrastes qu'il faudra apprendre à discerner et à nommer. Dépourvue de cette débauche de couleurs, de mouvements, de bruits, à laquelle on assiste partout où la vie est présente, la vie telle qu'on la connaît, ce qui n'empêche pas de l'envisager ailleurs et autrement, moins complexe ou résultant d'une autre chimie.

C'est une petite planète aux formes douces, et même si la qualifier de planète n'est pas scientifiquement exact, il suffira d'avoir foulé son sol une première fois, d'avoir fait quelques pas dehors, nos tout premiers pas d'êtres humains sans trop nous éloigner, à juste distance les uns des autres, il suffira de lever les yeux, debout au milieu de la plaine, d'observer le visage ébloui de nos compagnons derrière la visière et d'admirer le paysage alentour, pour s'en convaincre. Nous sommes sur une autre planète, cinq êtres humains exilés de leur propre volonté, soutenus par les millions de Terriens qui nous regardent, qui suivent de près l'actualité de l'agence et vivent l'aventure par procuration. Les techniciens se relaient à Darwin et y travaillent, à la diffusion d'une information en continu, épaulés par les services de communication, alimentés par les images d'Hari qui rend compte quotidiennement et met en scène nos faits et gestes, tous immergés à nos côtés dans un des plus ambitieux programmes de téléréalité jamais conçus par l'ISA, mais c'est pour la bonne cause, nous dit Helen.

On écrit une page d'histoire d'une planète qui n'est pas la nôtre, extraterrestres à notre manière dès qu'on aura foulé son sol, nos empreintes nettement visibles au premier jour dans le sol meuble, mais qui bientôt seront effacées par la pluie, et avec elles celles de Tracy et de Viktor marchant seuls à l'écart, remontant calmement sur une centaine de mètres le lit à sec d'une rivière, concentrés sur leurs sensations, retrouvant d'anciennes sensations, comme on en a rêvé si souvent depuis le début du voyage, confinés ensemble dans la promiscuité et la chaleur de l'habitacle, avec pour seul horizon l'absence d'horizon d'une nuit extraordinairement profonde et étoilée, nuit d'hiver par temps clair extraordinairement froide, au point qu'il fait objectivement moins froid sur les rives de l'Ontario Lacus. Depuis sa dernière rotation, la navette du *Titanic* est stationnée au bout du terrain d'atterrissage, en attendant que celle de l'*Olympic* s'immobilise à ses côtés, sous le regard des machines qui auront travaillé dur pour nous accueillir. *Milena* a échoué à deux reprises dans la mise en service, mais chaque fois les pannes de matériel ou les erreurs de montage ont été identifiées et réparées. Au 179e jour de mission, avec un retard cumulé de vingt jours par rapport au calendrier initial, les résultats d'un cycle complet de production s'affichent à l'écran. Et même si les équipes au sol restent prudentes, que personne à Darwin ne veut crier victoire trop tôt, on a toutes les raisons de croire que cette troisième tentative est la bonne.

Tracy, jour 179

Quoi qu'il arrive, l'essentiel sera sauvé. On réceptionne la cargaison, on l'entrepose. On doit prévoir un lieu pour ça. Il faut identifier le site le mieux adapté. Parmi les critères, quel raisonnement serait le bon, dans un avenir lointain, si la transmission devait se perdre ? Pour ceux qui viendront après ? On se les représente semblables à nous, notre imagination ne va pas plus loin. C'est aussi l'option qui a été retenue par les ingénieurs du programme, quoi qu'on en dise, la plus probable. Des semblables qui auraient tout à reconstruire, à qui on offrirait le trésor d'une biodiversité déjà prête, encore faut-il qu'ils le trouvent. Sur cette question, l'équipage a carte blanche, dans le respect d'un cahier des charges. À nous de proposer des hypothèses et d'en débattre, quel emplacement serait le mieux. La décision définitive sera prise collégialement et validée par les équipes au sol. Un site d'archivage plutôt qu'un autre, sur quels critères ? On étudie la géographie de Titan. On progresse dans l'analyse des données collectées à distance, puis on monte une expédition. On comble les lacunes des sondes et des rovers d'exploration, aussi performants soient-ils. *Milena* traite les flux et compile les résultats, à charge pour nous de compléter sur le terrain, d'acquérir de nouvelles connaissances, certaines plus intuitives, de l'ordre du ressenti. Par exemple, en quoi la beauté de l'endroit le distingue et l'avantage ? En quoi l'endroit a un supplément d'âme qui donne envie de l'explorer ? S'il nous attire, est-ce qu'il pourrait les attirer aussi ? Ceux qui viendront après nous, quelle que soit leur nature, la question se pose. Est-ce que ce qui est beau pour nous le sera pour eux ? Peut-être pas. Mais ce qui est scientifiquement remarquable l'est universellement, c'est notre hypothèse. N'importe quel explorateur du futur, qu'il ait ou pas notre forme d'intelligence, sera séduit. Attiré et séduit. Sur la question de l'architecture du centre d'archivage, les ingénieurs ont exploré trois voies : l'enfouissement, l'excavation, une architecture de plein air. Des plans ont été conçus et stockés dans la mémoire de *Milena*. À charge pour nous de retenir localement la meilleure option, en fonction du terrain et du climat.

Helen, jour 180

Il fit le grand luminaire pour présider au jour, disent les Écritures, le petit luminaire pour présider à la nuit. Cela se vérifie dans le système Terre-Lune, mais pas ici. Ici on vit déjà les deux pieds sur une lune et les nuits n'en ont pas. Ce sont des nuits profondes et l'obscurité est parfaite. Quand l'aube apparaît, elle peine à la chasser, et on pense aux Anciens, à nos ancêtres qui redoutaient qu'un jour le soleil ne revienne jamais, qu'il se couche pour une nuit éternelle. À chaque nouvelle journée, on salue nous aussi le miracle de le voir s'élever au-dessus de l'horizon, lentement, sa lumière diffractée, un disque que l'on fixerait sans se brûler si on pouvait distinguer ses contours. Les pluies saisonnières n'atteignent pas la latitude de l'équateur, seulement des épisodes isolés. Le reste du temps, des vents froids et secs transportent les sédiments qui s'accumulent au fond des vallées fluviales ou à l'intérieur des cratères d'impact. Les formations les plus anciennes ont des parois érodées, elles se trouvent souvent submergées, débordées par l'avancée des dunes. Certains cratères résistent. Selk résiste encore. Selk est un géant, une place forte, il a la vigueur de sa jeunesse. Tanêt l'ausculte depuis plusieurs heures, stationnée au-dessus de l'épicentre. On engrange des données sur sa morphologie et la composition du sous-sol, remanié sous l'impact de l'astéroïde, il nous dit quelque chose des profondeurs de Titan. La couverture d'éjectas qui entoure le cratère fait barrage à la progression des dunes. La muraille des remparts se dresse au milieu. Elle pourrait être deux fois plus haute, si dans les minutes qui ont suivi l'impact et sa formation, elle ne s'était pas effondrée sur elle-même.

De nos jours, l'épaisseur des tholins nivelle les irrégularités de terrain à l'intérieur du cratère et le relief central n'est qu'un vestige. Il faut l'imaginer dans les minutes qui précèdent sa naissance, se représenter la scène puisqu'on peut le faire. Là où il n'y a rien, d'un horizon à l'autre, qu'une plaine sans limite, le ciel s'éclaire brutalement. Un luminaire se décroche et plonge vers la surface, trop massif, trop lourd pour être ralenti. L'atmosphère s'embrase au-dessus d'une large portion de la ceinture équatoriale et du champ dunaire de Belet, jamais la luminosité à cette latitude n'a été aussi forte. Le ciel a la couleur d'un métal en fusion, éclairé par la tête du bolide et son sillage en flamme. Il descend en piqué et précède le son. Le temps que son bruit le rattrape, durant quelques secondes, un astéroïde frappe en silence le sol gelé de Titan, loin, trop loin du Soleil pour connaître une telle intensité du jour. Et Selk, l'instant d'avant, l'instant d'après, sorti de terre.

L'onde de choc s'est propagée dans un rayon de quarante kilomètres. Un énorme mur d'enceinte circulaire s'est élevé. Puis la pression est retombée. Alors au centre du cratère, le sous-sol dans un mouvement de rebond, par une sorte d'élasticité, a fait émerger un relief en forme de dôme. Puis l'enceinte périphérique s'est affaissée vers l'intérieur, dans une succession de bancs et de terrasses, le temps que le dôme s'affaisse à son tour sous son propre poids et crée une singularité. Ce sont trois anneaux incomplets, imparfaitement enchâssés les uns dans les autres, un labyrinthe plus ou moins circulaire, quand on voudra s'y engager à pied, qui culmine avec le mont Ayrarat. Si des hommes avaient vécu sur Titan avant nous, ils auraient fait de cette singularité un lieu de culte, comme ils l'ont fait à Uluru et Kata Tjuta. Une curiosité, une anomalie dans le paysage, ça commence toujours comme ça.

Tracy, jour 180

Ceux qui débarqueront, dit Viktor, humains ou non humains. De notre espèce ou d'une autre. Quelle que soit leur forme d'intelligence. Dans un temps indéterminé, ajoute Helen. L'équipage s'est réuni en fin de journée. On vient de fêter la mise en service, on enchaîne avec une réunion de travail. Chacun réfléchit à voix haute. Déjà ils auront réussi à le faire, à arriver jusqu'ici. Avec à leur bord, l'équivalent d'une IA au moins aussi puissante que la nôtre. À partir des mêmes données d'observation, en appliquant les mêmes critères, peut-on espérer qu'ils arrivent aux mêmes conclusions ? Combien de sites potentiels satisfont nos critères ? Un seul suffit. Des réflexions ont été menées en amont de la mission, comme pour n'importe quel chapitre du programme de travail, on a une feuille de route. D'abord dresser une liste de sites candidats et les étudier. La sonde Tanêt est partie en éclaireur. Puis sur une sélection restreinte, pousser nos investigations plus loin. On monte une expédition, on va sur le terrain. La latitude est un critère de choix. On veut éviter, en hiver, des nuits de sept ans. Que le jour soit égal à la nuit, d'un bout à l'autre de l'année, on ne fera pas mieux. Alors on se rapproche de l'équateur. La station Ontario reste la base arrière. L'objectif est d'identifier une région géologiquement stable, à l'abri des phénomènes extrêmes. Extrêmes à l'échelle de Titan, tout est relatif. Il existe un corridor de glace sur six mille kilomètres, au niveau de la ceinture équatoriale. Il s'est formé par cryovolcanisme, avec probablement des couloirs de lave souterrains comme sur Mars, qu'on pourrait aménager. Cette région offrirait des avantages mais on ne prendra pas le risque. On n'a pas la preuve que le cryvolcanisme est encore actif, dit Aiko, mais il va être très difficile de prouver le contraire à long terme.

On écarte aussi les grands champs dunaires, Shangri-La et Belet. Pour autant, ça ne met pas le site à l'abri des tempêtes de sable et de l'enfouissement progressif. Un relief peut faire rempart. On doit trouver un terrain qui offre une protection naturelle. Le massif d'Adiri est un bon candidat. Ses vallées sont innombrables. À tel point que vu du ciel, on se perd dans un dédale. À charge pour nous de cartographier le flanc oriental du massif, d'y repérer une vallée abritée et facile d'accès. On se souvient des premières images d'Adiri envoyées par la sonde Huygens. Un siècle plus tard, on marche sur ses traces. Elle gît là, échouée sur une ancienne ligne de rivage. L'autre option serait de remonter de quelques degrés en latitude, d'atteindre le cratère d'impact le plus proche. Un site d'intérêt géologique pour nous le sera nécessairement pour eux. Ils n'auront pas parcouru tout ce chemin, une fois qu'ils auront atteint les remparts, pour s'en détourner, c'est l'argument d'Helen. Et ce qui est vrai pour le cratère de Selk, est probablement vrai pour ses cousins, Sinlap et Ksa. Quelles que soient leurs origines et leurs motivations, ils auront un savoir scientifique au moins aussi approfondi que le nôtre. Logiquement, ils se concentreront sur les entités géologiques les plus spectaculaires, les cratères d'impact arriveront en bonne place. Et Selk, par sa taille, sera sur la troisième marche du podium.

Aiko, jour 181

Un million de bars de pression, 3 000°C au point d'impact, de quoi vitrifier la roche quand il y en a, et quand il n'y en a pas, par exemple dans les couches profondes d'une géante gazeuse comme Saturne, de quoi transformer le carbone en diamants. Vu du sommet du mont Ayrarat, en vision naturelle, sans qu'il soit nécessaire de l'augmenter, les limites du cratère, on peut les embrasser d'un seul regard en pivotant lentement, oui par temps clair, j'imagine qu'on peut le faire, saisir Selk dans son ensemble, non pas en vision aérienne comme la sonde Tanêt nous la renvoie, mais de l'intérieur, après avoir fait l'ascension du relief qui s'élève au milieu de l'arène, cernée par l'horizon courbe et le rempart circulaire, au loin, qui paraît moins haut si on se place à l'épicentre qu'il ne l'est vraiment. Selk est le troisième par sa taille parmi les grands cratères d'impact et un des plus jeunes. C'est lui qu'on identifie, au nord-est du massif d'Adiri, sur les images enregistrées en janvier 2005, lui qu'on aperçoit tel qu'il s'est donné à voir pour la première fois et dans sa totalité sur les écrans de contrôle, le jour où la sonde Huygens a immortalisé sa descente, mais il faut y prêter attention, saisi à la périphérie du champ de la caméra, une présence discrète dans un angle en haut à droite. Il épouse d'abord la rotondité de Titan, puis de moins en moins, tandis que les chiffres de l'altimètre dégringolent sur la vidéo rustique reconstituée à partir des images d'archive, alors que le sol se rapproche, tout se déplie, s'aplatit, une couronne posée en plein désert, ses remparts cannelés éclatants de blancheur et le disque noir, au milieu, qui matérialise l'intérieur du cratère ; une prouesse technologique en son temps et que l'on regarde ainsi, avec émotion, comme un daguerréotype, à cause du grain de l'image et de toutes ses imperfections, ce premier regard posé sur Selk et qui nous est transmis. Aujourd'hui vu du ciel, demain vu du sommet du mont Ayrarat. En attendant de pouvoir circuler librement, partis du centre du cratère, on étend notre champ d'investigation, on repousse les limites d'un terrain exploré avec un degré de résolution et une précision suffisants pour l'estimer connu. Au-delà des remparts, la région n'est pas totalement une *terra incognita* puisque la sonde de la mission d'exploration Dragonfly s'y est posée.

Helen, jour 181

Il sera nécessaire de signaler l'entrée du site, après en avoir condamné l'accès, on le fera, mais l'information finira par se perdre. Une pyramide, pourquoi pas, au moins ça aurait de l'allure, ou bien l'équivalent naturel d'une pyramide, l'équivalent titanien d'un relief remarquable comme Uluru. Une curiosité géologique nous offre une garantie, l'assurance qu'elle sera étudiée, même dans un avenir lointain, pour des raisons identiques à celles qui nous poussent aujourd'hui à le faire. Tracy a lancé le débat. On tient compte des contraintes, la sûreté d'abord, puis la mémoire du lieu, une fois que toutes les traces de notre passage auront été effacées, ce qui arrivera tôt ou tard. Contrairement aux pharaons de la Vallée des Rois, l'objectif n'est pas de choisir un endroit reculé, si possible inaccessible, par peur d'être pillés. On n'entrepose pas notre cargaison à l'abri des convoitises, on n'enterre pas un trésor pour qu'il soit perdu, définitivement perdu. Il est possible qu'il soit oublié, il le sera presque inévitablement, mais il faut s'assurer qu'il puisse être découvert, si besoin redécouvert, autant de fois qu'il faudra.

La singularité d'Ayrarat est un relief d'altitude moyenne, posé au centre de l'arène, cette vaste plaine sableuse ceinturée par une muraille, dont on peut difficilement circonscrire les limites à cause de la courbure du globe qui est plus accentuée sur Titan que sur la Terre. N'importe quel équipage, tôt ou tard, franchira les remparts. Et comme elle s'est offerte à nous, l'arène du cratère s'ouvrira devant eux. Avec immédiatement le réflexe que nous avons eu, en observant le diamètre, l'organisation des terrasses, en tenant compte de la gravité de Titan, d'un seul coup d'œil, ils seront capables d'évaluer la masse du météore qui l'a percutée. Ils puiseront dans l'expérience qu'ils auront de ce genre de phénomènes, puisque les lois qui les régissent sont les mêmes partout. La chute en surface d'un petit astéroïde, c'est un bol de quelques kilomètres de diamètre, aux bords réguliers. Un astéroïde de taille moyenne creuse un cratère plus large mais à fond plat, et les remparts s'affaissent, au moins partiellement. Sous l'impact d'un astéroïde de grande taille, non seulement le diamètre s'élargit encore, mais à cause d'un rebond du sous-sol au passage de l'onde de choc, un relief émerge au milieu, un pic central. Il conserve sa morphologie s'il n'est pas trop gros, sinon il s'effondre lui aussi, en formant un massif irrégulier au centre de la plaine, à l'exemple d'Ayrarat. N'importe quel explorateur, après avoir franchi les remparts de Selk, ira droit sur cette singularité que la science prédit, caractéristique de tous les cratères d'impact à partir d'une certaine taille. Si une chambre souterraine a été aménagée à la base du mont Ayrarat, il finira par la trouver, elle sera nécessairement détectée et révélée au grand jour.

Aiko, jour 182

Dans une semaine on débarque sur Titan, une sphère désertique et inanimée, ou plutôt sans âme qui vive, car animée elle l'est. Simplement la vie est absente, toute forme de vie. De ça, on en est sûrs. Ce dont on n'est pas certains, c'est que tout ne soit pas déjà en place, les constituants des briques élémentaires, pour que ça puisse effectivement se produire, le moment venu, que la vie puisse enfin prospérer, le jour où les conditions physiques compatibles avec un métabolisme seront réunies. En attendant il fait trop froid, on est trop loin, beaucoup trop loin d'un foyer, on doit produire notre propre chaleur pour ne pas geler, nous les vivants et le parc de machines qui nous accompagne. Dans nos cuves d'azote liquide, tout le cheptel que l'on transporte, à l'état de gamètes, ou exceptionnellement au stade plus avancé d'un œuf déjà fécondé ou d'un état embryonnaire, des stades de développement réservés aux seuls échantillons de la cuve 53. On joue le jeu, de la considérer au-dessus du lot, la dernière à avoir été chargée et la première en cas de problème qui serait transbordée. Si on doit n'en sauver qu'une, ce sera celle-là, on a les instructions pour le faire. Viktor s'en amuse, d'une théorie du complot qui circule, d'une graine plantée dans la mémoire de l'IA, prête à germer, attendant son heure et que les conditions soient réunies. Si une telle volonté existe, capable d'infléchir la trajectoire, elle n'est pas parmi nous, ce ne sera pas l'un des nôtres.

Tracy, jour 183

À l'ordre du jour, l'interruption brutale des communications avec la Terre. Personne n'avait anticipé l'incident, même si des perturbations étaient prévisibles à cette étape du plan de vol. Titan gravite à l'intérieur du champ magnétique de Saturne, mais sa trajectoire frôle régulièrement la limite extérieure du champ. Il lui arrive d'en sortir, de quitter provisoirement l'abri de la magnétosphère, avant d'y rentrer. La transition entre les deux états est une source d'interférences pour un engin en orbite. La qualité des transmissions peut se dégrader. Au point d'endommager le matériel, de provoquer une coupure complète ? Hari avance une autre hypothèse. Depuis hier soir, on travaille à rétablir la liaison.

Helen, jour 184

À présent que l'*Olympic* orbite dans le sillage du *Titanic*, l'objectif affiché est de reprendre en main la gestion de la totalité des flux de communication, alors que jusque-là, chaque vaisseau gérait les siens indépendamment l'un de l'autre. Nos antennes paraboliques sont capables de relayer les signaux que l'on émet et que l'on reçoit. Mais en dehors d'une fenêtre de réception étroite, elles resteraient sourdes et muettes sans le secours d'une constellation de satellites déployée par le *Titanic* à son arrivée. L'ensemble des flux entrants et sortants devra être centralisé avant l'atterrissage, mais on a pris du retard. Une partie des communications transite encore par le cerveau bicéphale de *Milena*. Les infrastructures au sol et les satellites sont gérés conjointement par *Milena 1*, notre ordinateur de bord, et *Milena 2*, celui du *Titanic*. Comme si notre aire du langage, explique Hari, était répartie entre nos deux hémisphères. Cela créerait inévitablement des interférences, pourquoi pas des aphasies temporaires, on en est là. Depuis presque deux jours, remarque Aiko en souriant. On y travaille, répond Hari. Sous-entendu, assis derrière ses écrans, il mesure heure par heure les progrès que fait *Milena* dans son autodiagnostic, par cette disposition qu'elle a à se penser elle-même, jusque dans les détails intimes de son fonctionnement. Chaque fois on admire sa performance, dans une de ses envolées multitâches, l'habileté qu'elle a à détecter les pannes des objets qui lui sont connectés ou ses propres erreurs d'algorithmes, et à les corriger. Parfois une intervention humaine peut lui être utile, sans être absolument nécessaire, c'est un gain de temps à mettre en balance. Si l'évaluation lui paraît concluante, elle choisira d'elle-même cette option. La panne d'un matériel arrive en tête sur l'échelle des risques de dysfonctionnement, mais la panne a été écartée, les équipements de télécommunication sont en parfait état. Il n'y a pas de problème physique, dit Viktor, le problème est mental. Deux jours quand même, et cette remarque, à propos de *Milena*, qu'elle pourrait y mettre un peu de bonne volonté. Une remarque comme il aime les faire en présence d'Hari, qui se dilue dans le flux des échanges et d'habitude ne prête pas à conséquence. Une petite phrase dite sans y penser, et qui ce matin, contre toute attente, suscite des réactions. Comme si au terme d'un processus silencieux d'incubation, chez ceux d'entre nous qui s'interrogent depuis quelques jours, la parole se libérait. La coupure des transmissions avec la Terre n'est que le dernier épisode d'une série d'incidents que *Milena* peine à justifier, sur lesquels il reste des zones d'ombre. Dans aucun des cas qui nous préoccupent, sa défaillance pure et simple n'a pu être écartée. Que les incidents s'enchaînent n'est pas surprenant. Ce qui l'est davantage, c'est que *Milena* échoue chaque fois à nous fournir une explication convaincante qui la mettrait hors de cause. Une accumulation de défaillances mineures, pensent certains, dont il ne faut pas exagérer la gravité, mais c'est justement l'effet d'accumulation. Ce n'est qu'une question de temps, dit Hari. Le fait de ne pas avoir trouvé d'explication logique, pas encore, ne signifie pas pour autant qu'il n'y en a pas. Il nous rappelle cette évidence, assis derrière son pupitre, sur la défensive pour la première fois depuis le début du voyage.

Helen, jour 184

Sans *Milena*, notre espérance de vie ne dépasse pas l'autonomie du support-vie que l'on endosse par-dessus la combinaison avant chaque sortie extravéhiculaire. Et c'est précisément sur ce sujet, de la fiabilité de l'IA, de la supposée infaillibilité de l'IA, que ce matin, les premières divergences sont apparues au sein du groupe. Au 184e jour, contre toute attente. Et ce, dès le début de la réunion, sur une remarque de Viktor, un commentaire qui serait passé inaperçu ou qui aurait été jugé anodin dans des circonstances différentes, cette fois étrangement, les vannes se sont ouvertes.

Qu'il faille mettre au crédit de *Milena*, comme Tracy nous le rappelle, venue en soutien d'Hari sur la défensive, d'avoir su nous conduire jusqu'ici sans encombre, chacun le reconnaît. Qu'au moins sur la durée du voyage, elle n'a jamais failli. Mais depuis qu'on a atteint la banlieue de Saturne ? Dans ce domaine-là comme dans d'autres, tout est affaire d'interprétation. Et c'est bien un des paradoxes de la technologie, poussée à ce niveau d'excellence, que dans la relation que chacun entretient avec *Milena*, comme dans n'importe quelle relation interpersonnelle, une marge d'interprétation existe. Qu'au fil du temps et des mois d'isolement, les frontières se brouillent, qu'on assiste à une confusion des genres. Nous, les cinq coéquipiers, et elle admise à des degrés divers, avec de plus en plus de sérieux, comme le sixième membre de l'équipage.

Quelques accrocs dans le tissu régulier de nos journées, dit Aiko, ça ne fait pas de mal. En observant Tracy et Viktor, je me dis que ça peut même faire du bien. Ils ne sont jamais aussi vivants que dans ces moments-là, quand un dysfonctionnement les stimule, leur donne du grain à moudre. Un simple grain de sable dans les rouages sophistiqués de nos systèmes de transmission, et nous voilà coupés du monde, notre microcosme coupé des autres, clos sur lui-même. Le temps de réparer la panne, chacun a réaménagé son programme de travail en tenant compte du fait que le chantier est à l'arrêt. La vie à bord suit son cours, autonome et bien réglée. On discute et on travaille sans regards extérieurs sur nos faits et gestes, pour la première fois depuis longtemps, depuis notre dernier stage de survie si j'ai bonne mémoire.

À la pause déjeuner, Aiko s'est installée à côté de moi. Elle m'a dit, à propos de l'isolement dans lequel on est, ce silence qui nous enveloppe depuis qu'on n'émet plus et qu'on ne reçoit rien, plus aucun signal, elle m'a dit, je ne sais pas toi, mais moi ça m'apaise, je trouve ça reposant, presque rassurant. Quand je pense au bruit qu'on fait nous les humains, partout, dès qu'on atterrit quelque part. Bien sûr il ne faudrait pas que ça s'éternise, et Hari s'y emploie, à Darwin aussi j'imagine, ils y travaillent, réunis en cellule de crise. La situation va se débloquer et le plus tôt sera le mieux, on pourra dérouler la suite du planning comme prévu. En attendant, la paix est revenue sur Titan, des rives de l'Ontario Lacus à celles des mers du Nord, le silence a repris ses droits. C'est lui qu'on entendrait si on pouvait entendre, lui qu'on n'entendra plus dès l'instant où *Milena* reprendra le contrôle et rétablira le contact avec les machines.

Hari table sur un retour à la normale avant la fin de la journée. Il n'y a pas de problème qui soit sans solution, répète Tracy, on est sur la bonne voie. Quatre jours nous séparent de la date d'atterrissage. Si les communications avec Darwin sont rétablies d'ici ce soir, comme Hari s'y est engagé, le calendrier sera tenu. Tracy anticipe la prochaine étape, la relance des installations de la station Ontario, après trois jours d'arrêt complet.

Aiko, jour 185

Tu te souviens Hari, au début du voyage, le bruit continu de la propulsion qu'on finissait par ne plus entendre, jusqu'à ce que le vaisseau se stabilise à sa vitesse de croisière au terme d'une longue phase d'accélération, alors *Milena* a coupé les moteurs principaux et on a poursuivi notre course dans le vide spatial où rien ne s'y oppose, au point d'oublier que le vaisseau se déplace et à quelle vitesse, animé par une force abstraite, sauf à cette étape décisive du parcours quand *Milena* a rallumé les moteurs et inversé la poussée pour commencer à décélérer. Mais là encore on s'est habitués, au bruit de la rétropropulsion, contrairement à celui de l'air conditionné, d'autant plus fort qu'on s'éloigne des modules de vie, mieux insonorisés, pour effectuer des travaux de maintenance dans d'autres segments du vaisseau, sachant que le diagnostic se fait aussi à l'oreille, tant qu'il y aura de la mécanique pour nous assister, des machines en fonctionnement et des systèmes de sauvegarde pour en prendre soin, l'ingénieur de bord en prendra le pouls comme Helen le fait de nos organismes à chaque visite de contrôle. Soixante-douze heures avant l'atterrissage, on défile à l'infirmerie pour un bilan complet. Le contact est rétabli avec la Terre. *Milena* transmet en flux continu pour rattraper le temps perdu et l'activité a repris sur la station Ontario.

Le bruit au monde qu'on fait en l'habitant, nous l'espèce la plus bruyante de notre Galaxie, qui émettons tous azimuts des signaux pour qu'on nous entende, et pas de réponse. Seuls et redoublant d'efforts, au fur et à mesure que le doute s'installe, face à autant d'agitation, qui oserait s'approcher de nous ? Bruyants par nature, et par tout ce que l'on fabrique, et qui à son tour s'anime et participe de la cacophonie. Désespérément seuls et redoublant d'efforts pour ne plus l'être, confrontés à l'infinité du cosmos, on guette un retour du signal, ne serait-ce que celui de nos activités réfléchi quelque part, au-delà du Système solaire, et qui nous reviendrait, mais rien. Il y a très peu de bruits naturels en surface, Titan est un monde silencieux. Est-ce qu'il est possible de s'affranchir suffisamment de ce qui nous attache à la Terre et nous relie ? Ce qu'on abandonne derrière sans nous retourner, il le faut, accueillir l'absence pour ce qu'elle est, un espace laissé libre, un vide nécessaire, là où le creux du manque ouvre à d'autres rencontres et nous prépare. Habiter Titan, le temps que durera notre séjour en surface, l'habiter vraiment, réduire la distance qui nous sépare, et ce ne sont pas les unités astronomiques qui sont les plus dures à franchir mais le dernier mètre, debout derrière la porte du sas de sortie, au moment où se joue l'essentiel, nous inscrire physiquement dans l'environnement malgré le froid extrême, nous enraciner, nous ancrer au sol en dépit des conditions. Avant de faire un pas supplémentaire, un pas décisif vers Titan, on devra se souvenir d'où on vient et en quoi cette distance est irréductible, accepter d'aller au-devant d'une barrière infranchissable entre elle et nous, alors seulement on pourra franchir le seuil, partir à la rencontre d'un monde qui ignore tout de notre présence.

Nous, l'humanité turbulente, entreprenante, nous cinq représentants de cette humanité en terre étrangère, on est surpris dès qu'on s'arrête, que nos machines s'arrêtent, on est surpris par la tranquillité qui y règne. On regarde à l'écran, un monde engourdi, non pas inerte mais ralenti, même la chute libre est ralentie, à devoir guetter dans les détails ce qui l'anime, des nuages orangés très haut dans le ciel, un jeu de lumière, mais les changements sont ténus. On se raccroche plus que jamais à ce que l'on sait faire : entreprendre, s'activer, suivre à la lettre un programme de travail, se projeter vers l'échéance suivante, vivre l'attente du prochain compte à rebours qui densifie le présent comme une bénédiction. Construire ce qu'il y a à construire dans le respect des délais, on anticipe, on s'organise, avec tous les soutiens nécessaires, c'est Robinson sur sa plage qui vide sa coque de naufragé et part à la découverte de son île, prend la mesure des ressources *in situ* en complément des objets qu'il transborde, pour aménager durablement ses conditions de survie. Sauf qu'ici, dans cette aventure, tout a été prévu. L'équipage débarquera sain et sauf, au complet, en ayant une expertise chacun et un degré de polyvalence, cinq coéquipiers pour un résultat total supérieur à la somme des parties, surentraînés, prêts à donner le meilleur d'eux-mêmes, tous animés de la même foi inébranlable et tendus vers un seul objectif.

Aiko, jour 186

La varappe, à flanc de falaise ou plus tard dans le massif du Kimberley, s'élever à la force des mains, à mains nues, les pieds glissés dans le moindre interstice, jusqu'à s'unir au minéral et ne faire qu'un. S'élever en hauteur, puis dans les airs, en bout de piste d'un aérodrome et le survoler, sans se poser de question, et apprendre à faire des figures, plus tard un brevet de pilote en poche, les concours de voltige, mais ça ne suffit pas. Grimper toujours plus haut, d'une couche de l'atmosphère à l'autre, à chaque palier franchi, une concentration en gaz de plus en plus ténue et une pression qui chute, jusqu'à atteindre des conditions à proprement parler extraterrestres. Là où l'oxygène se raréfie et où la pression est presque inexistante, retrouver des conditions martiennes alors qu'on n'y est pas, qu'on l'a encore sous les yeux avec ses couleurs éclatantes, là juste en dessous, notre terre d'origine, un îlot, un havre dans les ténèbres, pour nos sens en alerte, cette fois il n'y a plus de doute.

Je me souviens, quand arrive le jour du départ, à quelques heures du décollage, chacun se sent délesté, extraordinairement délesté, comme un avant-goût de la microgravité qui nous attend. Nous, les cinq membres de l'équipage, debout derrière les vitres du cosmodrome de Kimberley, tandis que le soleil se couche au-dessus du pas de tir, on marche un peu mécaniquement, la tête vide, le corps léger, comme si seuls les cuisses et les avant-bras, leur stimulation, mettaient le reste en branle, l'organisme entier, notre organisme pris dans un grand tout, mû par une force externe. On se sent soulagés du poids de l'attente, de la possibilité que recouvre l'attente, jusqu'au dernier moment, que la mission soit annulée, qu'elle soit reportée *sine die*, ou que l'un d'entre nous soit remplacé. On a envie de remercier. Quoi ? Qui ? À qui adresser notre gratitude ? Chacun, selon sa spiritualité, remercie. On pense à la dette que l'on a, une dette incommensurable à proportion du cadeau qui nous a été fait, avoir été choisis pour mener à bien cette mission, pour aller au bout de décennies de recherches et transporter avec nous un rêve bien plus vieux, un des plus vieux rêves de l'humanité qu'aujourd'hui on incarne. Et qu'on nous ait accordé cette confiance, on en mesure le prix, quand tant d'autres auraient pu y prétendre, auraient été tout aussi légitimes que nous. À chaque étape décisive, on se souvient de la responsabilité que l'on porte, dont on nous a jugés dignes. À l'instant où on mettra pied à terre, nous tous sans exception, les cinq membres de l'équipage, confrontés à une telle expérience, devant un tel bonheur, quand lire le même bonheur sur le visage de nos coéquipiers ne suffira pas à endiguer l'émotion face à un tel spectacle, à cet instant on pensera à ceux qui ont rendu ça possible, éloignés d'eux, mais rattachés à eux. Entourés de toutes ces couleurs chaudes, un froid insoupçonné de l'air dans le soleil levant, pour nous qui avancerons calfeutrés dans nos combinaisons, au point parfois sur un effort d'avoir trop chaud, ce qui exige de l'organisme de s'autoréguler, de continuer à savoir le faire, comme on demandera au corps de s'astreindre à marcher normalement, le plus normalement possible dans un monde qui ne nous a pas vus naître. S'y sentir chez soi, l'habiter, même imparfaitement, on aimerait bien, tendre vers ça, s'accommoder de sa gravité, apprécier déjà qu'il y en ait une, puis l'adopter au plus près de nos habitudes forgées par des millions d'années, réussir à s'adapter en y mettant tout notre savoir-faire sur un temps si court. Rencontrer Titan. Même si elle ne nous a pas vus naître, qu'elle n'y est pour rien, qu'elle n'a joué de ce point de vue-là aucun rôle, elle nous reçoit paisiblement, rien n'indique que quelque chose pourrait nous être hostile en surface, rien qui soit visible à l'œil nu. Pourtant il suffira de pas grand-chose, de dégrafer un gant, sans même qu'il soit question de l'enlever, il suffira d'un mince filet d'air tranchant comme une lame pour s'en convaincre, on a quitté notre planète, la minuscule planète qui nous héberge, perdue aux confins de la Galaxie, on l'a abandonnée au profit d'une autre, qui n'en est pas une, et n'est pas faite pour nous. Les sondes d'exploration ont ouvert la voie mais il reste encore beaucoup à découvrir et à comprendre, on est là pour ça, on a pu s'équiper en conséquence, une technologie qui pallie l'inadaptation du corps humain, à défaut de pouvoir pousser plus loin l'expérience sensible, de ressentir le froid extérieur sur la peau, mains et visage, puisqu'il n'y en aura pas, de zone exposée à l'air libre, seulement une réalité médiatisée qu'on devra s'approprier à l'égal d'une perception, apprendre à replacer les températures sur une échelle de grandeurs, presque 100°C gagnés sur le froid sidéral qui règne à l'extérieur du vaisseau.

Tracy, jour 187

Chacun rejoint sa cabine pour notre dernière nuit à bord du vaisseau. On a fait le plein des réservoirs d'ergols de la navette, le transbordement est terminé. On embarque des vivres, du matériel, mais les cuves resteront en orbite. Helen et Viktor les ont inspectées une dernière fois et ont remis les clefs à *Milena*. On lui abandonne la cargaison le temps que notre situation au sol soit stabilisée, qu'on soit en capacité de réceptionner les cuves dans de bonnes conditions. Le compte à rebours a démarré. Heure H moins treize. À onze heures UTC, la navette enclenchera la manœuvre de séparation. Pas de scaphandres sur Titan mais des combinaisons souples comme une seconde peau. On évolue librement, dans les limites de notre autonomie en oxygène. L'atmosphère est composée d'azote comme chez nous, mais dans une autre proportion. L'azote est un gaz inerte, stable, inoffensif. Vingt pour cent d'oxygène, voilà ce qui nous manque. Cent pour cent d'oxygène, en sortie extravéhiculaire, on sait faire, c'est possible. Et peut-être un brin d'euphorie, un brin de folie qui en découle. Mais presque cent pour cent d'azote, non, on ne sait pas. Une fois dehors on oubliera, allégés par une gravité plus faible, comme en plongée sous-marine, mais sans l'épreuve de la décompression. Au bout d'un long périple, enfiler la combinaison, visser le casque étanche, endosser le support-vie. Attendre l'ouverture du sas, descendre les marches métalliques et toucher le sol. À la seconde où la porte du sas se referme derrière nous, on se retrouve seuls face à elle, avec pour seul air respirable celui qu'on emporte, mobiles et légers.

Demain on atterrit en terre inconnue et malgré tout en terrain connu. L'équipage a participé au choix du site, on a suivi le chantier à distance, surveillé les travaux. On a cru à la livraison clefs en main, mais non, pas tout à fait. Les installations restent en phase de rodage. Notre présence devrait accélérer le processus. Je l'ai eu en point de mire pendant trois ans, et c'est demain. J'en ai déroulé cent fois le protocole, de plus en plus finement au fil des mois d'entraînement, et c'est demain. Chacun oublie les obstacles, ceux qui ont été surmontés, ceux qui nous attendent. Ne compte que l'objectif. Aujourd'hui il fait nuit au-dessus de la station Ontario. Dans moins de quatre jours, l'aube se lèvera. Il faudra encore compter quatre jours, à cette saison, avant que le soleil soit à son zénith. Puis quatre jours supplémentaires avant qu'il décline, jusqu'à la nuit noire. Dans l'intervalle, l'équipage de l'*Olympic* aura effectué la première sortie extravéhiculaire en surface.

Aiko, jour 188

Tu te souviens Hari, quand nous avons atterri cet après-midi, par une nuit sans étoiles, on s'est dit qu'il allait falloir attendre soixante-douze heures avant que l'aube se lève, qu'elle se décide enfin, tellement tout va plus lentement ici qu'ailleurs. Mais avant ça, une fois l'atterrissage réussi, une fois le constat fait, quinze ans plus tard, quinze ans après le lancement du programme, quand la voix de *Milena* s'est tue dans le cockpit, le constat que l'objectif avait été atteint, je t'ai regardé, assis près du hublot, tourné vers l'extérieur, essayant de percer son mystère, l'obscurité s'est refermée sur nous. Et tous les cinq, nous sommes restés silencieux, même si pour la retransmission vers la Terre, c'est autre chose qu'il aurait fallu à l'image. À ce moment-là, la majorité de l'humanité dans le même fuseau horaire est tendue elle aussi, mais avec un décalage dans la réception, un retard de quatre-vingt-trois minutes par rapport à nous, et cette conscience à l'échelle planétaire, élargie en mondovision, que tout est peut-être déjà fini au moment où ils regardent, *tandis que la navette de transfert se sépare lentement du vaisseau en orbite et s'éloigne*, que peut-être il n'en reste plus rien, de cette orchestration parfaite qui se déroule en temps réel sous leurs yeux, en longs plans-séquences mais pas tout à fait en direct, le temps que l'image et le son leur parviennent, qu'on a eu dix fois l'occasion d'exploser en vol ou de s'écraser au sol. Tu es d'accord Hari, à l'instant où on est entrés dans l'atmosphère, filmés en direct, ce direct de nos caméras embarquées qui n'en est pas un, dix fois plus loin qu'eux du Soleil, dix unités astronomiques, c'est une moyenne, sachant qu'à ce niveau-là d'éloignement, une unité en plus ou en moins, ça ne change rien. Le feu derrière le hublot, l'air transformé en plasma, son intensité aveuglante, on ne regardait pas, sanglés au fond de nos sièges, les écrans à portée de main et les commandes à portée de voix, au cas où, prêts à intervenir, mais *Milena* se passe très bien de nous. À la manœuvre on s'en remet à elle, notre corps encaisse les g, depuis si longtemps que ça n'est pas arrivé, on retrouve nos repères, immobiles, concentrés, la vitesse nominale, l'altimètre, les brumes orangées magnifiquement éclairées dans la haute atmosphère, de plus en plus denses au fur et à mesure que l'on descend, les brumes des tholins qui s'épaississent et perdent progressivement en luminosité tandis que la surface se rapproche. À la frontière on y est, qui sépare le jour de la nuit, la face diurne de la face nocturne, par 65° de longitude ouest, *Milena* dévie notre trajectoire, pointe vers l'Ontario Lacus, on plonge dans les ténèbres. Un gouffre sous nos pieds, chahutés, des trous d'air, on plonge en piqué sans être en chute libre, un air plus dense, une gravité plus faible, soutenus comme personne avant nous, la portance de l'air on la sent, durant cette phase interminable de la descente, le bruit de la rétropropulsion, les vibrations, à la fin la vitesse qui chute, les trains d'atterrissage déployés, verrouillés, et à l'instant où ça a lieu, le sol aussi ferme et doux qu'un tarmac, *contact.*

Aiko, jour 189

Le monde extérieur est aussi silencieux que le vide spatial mais son obscurité n'est pas la même. J'ai attendu le moment où elle passerait par moi, où chaque atome de mon corps entrerait en interaction avec elle, la gravité, sans artifice, appliquée également, avec une intensité égale, à chaque point du corps comme au bon vieux temps. Un champ de force homogène des pieds à la tête, au lieu d'un afflux de sang aux extrémités, au lieu d'un cerveau mieux irrigué que les pieds ou inversement, selon le sens dans lequel on bascule dans la centrifugeuse. Les couchettes de la navette sont étroites et plus courtes qu'à bord du vaisseau, mais je peux plier les jambes, me retourner, explorer des positions, je peux m'asseoir sans léviter et que le plafond m'arrête. Je me déplace d'un mètre, mes jambes et mes fesses restent au contact, je ne flotte pas. Avant d'agripper fermement le premier barreau de l'échelle, il faut réfléchir, anticiper les gestes, la résistance du barreau sous le pied, un pied après l'autre, étape par étape, on doit se concentrer pour retrouver nos marques et nos placements, réveiller même approximativement des sensations qu'on a connues. C'est l'inconvénient d'avoir, en si peu de temps, perdu en réflexes le bénéfice de millions d'années d'évolution, mais ça reviendra vite, notre cerveau a une plasticité qui ferait pâlir d'envie *Milena* si elle pouvait rêver d'avoir ce qu'elle n'a pas, un corps de chair et d'os. Combien de mètres séparent le sol du plafond, maintenant que la distinction entre les deux a de nouveau du sens ? Avant d'atteindre le plancher de la cabine, on calcule mentalement le nombre de barreaux, là où on ne faisait hier dans nos déplacements qu'anticiper une trajectoire, une trajectoire et ses rebonds, et on avait fini par le faire sans y penser, oublier nos réflexes innés au profit d'autres réflexes mieux adaptés, et à présent, comme un voyage de retour, se défaire des nouveaux au profit des anciens. Même si la gravité est plus faible sur Titan que sur Terre, on la reconnaît. Hier à l'atterrissage, après un moment de silence, on s'est tous levés, et Helen en bout de rang s'est engagée dans la coursive, aller et retour, puis chacun à tour de rôle, et nos visages étaient radieux, comme des gosses, nous sommes arrivés à destination, nos deux pieds à nouveau bien ancrés sur la terre ferme. Les portes s'ouvrent et se ferment avec un bruit sourd qu'elles ne font pas à bord du vaisseau. Viktor s'avance dans le couloir, je reconnais son pas, sa démarche est de loin la plus assurée, par une prédisposition naturelle chez lui et l'expérience accumulée sur les missions précédentes, il progresse rapidement jusqu'au sas qui donne accès au cockpit. Hier matin, assis côte à côte, la navette encore arrimée au vaisseau, lumière éteinte, on admirait le ciel étoilé, on pouvait l'admirer une dernière fois, l'esprit en transit dans ce grand vide qui n'en est pas un, savourant l'instant et le plaisir de savoir lire la carte, d'être capables de l'interpréter, de nous y repérer. Le paradoxe veut que ce soit maintenant qu'on a touché terre qu'on n'y voie plus rien. Maintenant qu'un extérieur s'offre à nous, un tant soit peu accueillant, un environnement moins hostile qu'il l'a été pendant le voyage, certes terriblement froid mais tout est relatif, sous l'épaisseur des couches nuageuses, ça n'a rien d'un froid sidéral, et la pression atmosphérique nous rassure, enregistrée par les capteurs de la navette, celle dont notre corps a besoin. Avant de s'aventurer dehors, il nous faut attendre que l'aube se lève au-dessus du lac, à guetter de ce côté-là que la nuit s'allège, que l'étau se desserre, que la courbe du globe se dessine enfin, baignée d'une lueur rouge, mais c'est le bleu chez nous qui a été choisi le long des coursives et dans les parties communes pour nous guider la nuit, le bleu calme et apaisant d'un lac de montagne. Une nuit sans étoiles pour la première fois depuis le début du voyage, au lieu des cohortes qui nous ont accompagnés. Et probablement, je ne suis pas la seule en mon for intérieur à me faire la remarque, à le regretter, ce grand noir du vide spatial qui nous a environnés pendant de longs mois mais n'en était pas un, ce vide peuplé au télescope ou à l'œil nu, qu'on avait appris à déchiffrer, qu'on ne se lassait pas d'observer sur notre temps de repos, comme on le faisait autrefois sur Terre les nuits d'été, chacun d'entre nous, de l'endroit où il est né, du lieu où il a grandi.

Helen, jour 189

Le ciel est celui d'une nuit d'été dans l'hémisphère sud, aux latitudes extrêmes. Un ciel sans lune et sans étoiles. Une lune ça n'a rien d'étonnant, ça n'étonne personne, on n'aurait pas eu ce réflexe d'en chercher une. Mais les étoiles vont nous manquer. La navette stationne à proximité de celle du *Titanic*. Je ne la vois pas, l'épaisseur de la nuit nous sépare. Une nuit de plein air, une nuit de surface, aussi profonde qu'une nuit souterraine. À heure fixe, les projecteurs s'allument. Ils délimitent un espace d'environ deux cents mètres de rayon dans lequel il sera facile de travailler, y compris sur des tâches de précision, puisque dans ce volume impeccablement découpé, on y voit comme en plein jour. Voire mieux qu'en plein jour. On a effectué les premiers tests d'ouverture et de fermeture du sas de sortie. Chaque fois qu'on y entre, on sent Titan. Et ensuite l'odeur ne nous quitte plus. On la transporte avec nous, elle pénètre partout, c'est l'odeur de cette terre, une douceur âcre d'hydrocarbure, comme un goudron neuf ou un asphalte chauffé à blanc quand il restitue sa chaleur en fin de journée. Le confort de la navette est rudimentaire mais des sensations reviennent. On pèse moins lourd ici, mais on pèse. Debout ou allongé, on pèse d'un poids égal, partout dans tout le corps. Même imparfaite, c'est une expérience suffisante pour retrouver certains réflexes et remettre de l'ordre dans mes perceptions. Je respire, je cale ma respiration sur une pulsation, perceptible dans le bruit de la ventilation mécanique, au cœur du souffle de l'air conditionné, le pouls de *Milena*, soixante-cinq pulsations par minute au repos. Après six mois d'apesanteur, la sensation n'est pas vraiment agréable. Malgré les exercices quotidiens, le corps n'a plus envie qu'on le sollicite. Des tensions apparaissent là où tout était relâché, le temps qu'on réapprenne à marcher et les muscles à supporter notre propre poids. Je n'ose pas me lever, tout le monde dort ou essaie de le faire. Les voyants du tableau de commande se réfléchissent sur la paroi à gauche de la porte. Il est vingt-deux heures trente UTC, huit heures au centre de contrôle à Darwin.

On n'a pas encore mis pied à terre. On n'a pas chargé tous les hommes dans la chaloupe pour se précipiter à débarquer, comme ceux de Colomb qui se croyaient perdus après des mois de mer. Notre sens de l'équilibre chamboulé, on n'a pas encore foulé son sol, concentrés sur nos mouvements, attentifs à poser correctement un pied devant l'autre et observer les traces qu'on laisse derrière nous. Toutes nos facultés mobilisées, tous nos sens en alerte. Les premières traces laissées par des Terriens sur le sol de Titan. Chacun se repose, est censé se reposer. On n'a pas chargé les hommes dans la chaloupe pour se précipiter à débarquer dans les minutes qui suivent l'atterrissage, ce n'est pas comme ça que ça se passe, ce que prévoit le protocole de sortie. Chacun doit avoir une condition physique satisfaisante, pour sa propre sécurité et celle de l'équipage. On savait à quoi s'attendre. On savait qu'il nous faudrait patienter jusqu'à ce que le jour se lève enfin sur notre première journée. Tous impatients de le voir tel qu'il est notre nouveau monde, dans sa lumière naturelle. Sous la lumière rasante du levant, sous la lumière rasante du couchant ou à son zénith. L'étoile qui l'éclaire, on serait bien incapables de localiser précisément sa position dans le ciel, le plus souvent diffractée.

Depuis qu'on a effectué les premiers tests de contrôle, un parfum se réchauffe dans l'habitacle. J'écoute la respiration de mes camarades. Ce qu'il y a de plus vivant désormais, à neuf unités astronomiques à la ronde, est ici. J'écoute le bruit que chacun fait en dormant, et parce que Aiko allongée dans la couchette au-dessus de la mienne n'en fait aucun, j'en déduis qu'elle non plus ne dort pas, qu'elle se tient à l'affût, immobile sur le dos, par cette habitude qu'on a prise quand la centrifugeuse tourne. Même la respiration de *Milena*, qui pourtant ne dort jamais, est différente.

Solstice d'été

Épilogue

Roja, Lettonie, le 24 juin 2097

« Qu'aimez-vous faire, Svetlana Ivanova, quand vous laissez de côté vos recherches, que vous prenez quelques jours de congés ? Est-ce qu'il existe un lieu quelque part, un endroit où vous aimez revenir ? » Le recruteur de Roscosmos démarrait toujours par une question générale. Pendant que le candidat répondait, il parcourait son dossier. Cet endroit existe. C'était un lieu de passage. Aujourd'hui j'en partage l'usage avec le reste de la fratrie. La fenêtre s'ouvre sur une rue bordée d'isbas, elle relie le port à la gare routière. Il suffit que je me penche, j'aperçois la jetée. Ce soir, la rue est fermée à la circulation et les gens vont à pied par petits groupes. Ils avancent en silence ou parlent sans élever la voix, c'est suffisamment inhabituel pour que leur attitude soit contagieuse. Le soleil s'est couché mais il ne fait pas nuit, du moins pas complètement. Certains ont sorti les vêtements traditionnels qu'on porte à cette occasion et les couleurs tranchent avec la poussière qui recouvre la ville. Autour de nous, tout est devenu gris en quelques jours, les toits, les jardins, les balustrades, la chaussée. Quand le vent souffle du nord, il traverse la forêt calcinée, soulève le tapis de cendre et la transporte jusqu'ici. Le ciel s'est un peu éclairci, mais la nuit n'a pas la pureté qu'elle a d'habitude au solstice. On distingue la lune, voilée, et rien d'autre.

Depuis trois jours, le feu est fixé. Le vent a tourné, il évacue les fumées du cap Kolka vers la Baltique, au lieu de les rabattre vers Riga et l'intérieur du golfe. On respire mieux mais une chape pèse sur les villages du littoral, le sentiment persistant d'une menace, même si le feu ne progresse pas. La nuit est tombée tardivement et pour peu de temps. Si on tient compte du décalage horaire, Darwin a sept heures d'avance et le jour se lève. Dans les locaux de l'ISA, le premier point presse vient de se terminer. Le réseau interne des caméras bascule sur les images de la salle de contrôle. Elle est faiblement éclairée et baigne dans une lumière chaude. Neuf postes de travail sur dix sont inoccupés. Les agents sont concentrés et communiquent peu, on est loin de l'effervescence qui régnait ici deux jours plus tôt. Avant-hier, la salle était comble, seuls les cadres de la mission et quelques vétérans du programme, triés sur le volet, étaient autorisés à entrer et sortir. J'ai coupé le son pendant les sept heures de retransmission. Les images parlent d'elles-mêmes, à la seconde où une information leur parvient, où la tension se relâche ou monte d'un cran. Les quatre-vingts dernières minutes sont les plus éprouvantes. Ce n'est pas le temps que dure la descente à travers l'atmosphère, mais le délai qui sépare la fin de l'atterrissage, sur Titan, de l'information sur Terre que la manœuvre est terminée. Un long tunnel que les agents traversent les yeux rivés sur les paramètres de la descente et la boule au ventre, sans pouvoir espérer influencer le cours des choses, puisque le futur est déjà écrit. J'ai reconnu Lee Wang assis parmi les vétérans au fond de la salle. J'ai assisté au moment où l'euphorie succède à l'angoisse. Une vie de désir, des décennies de travail et d'obstination ramassées en une seconde. J'ai reconnu celle que j'étais trente ans plus tôt et qui l'aurait fait, communier dans l'exploit collectif dont on est un petit rouage. Petits rouages mais essentiels. À quoi contribuent nos travaux, à l'extérieur de l'agence, on n'y pense pas. Dans l'excitation, l'émulation, le bonheur pur que l'on aspire à partager. On avance sans voir plus loin que le succès du programme, sans se poser d'autres questions. *Savourez ce moment, ne l'oubliez pas.* Ce qu'aurait dit Lee Wang, ce que le directeur de l'ISA leur a dit à la fin, quand il s'est adressé aux équipes. Quarante-huit heures après l'atterrissage, les images font la une de l'actualité.

Je lève la tête vers la fenêtre, des gens circulent entre amis ou en famille. Je baisse les yeux vers l'écran. Ceux qui vont à pied dans la rue se désintéressent de ce qui se passe dans le monde, à Darwin ou ailleurs. La fine couche de cendre qui s'est déposée amortit le bruit, comme quand on se réveille un matin d'hiver et que la première neige est tombée. Chaque année l'accès à la forêt est interdit de mai à octobre. Mais le premier incendie s'est déclaré tôt en saison. Trop tôt pour que s'applique l'arrêté d'interdiction de circuler en forêt. Depuis, le feu couve. Un feu zombie qui s'enfouit, chemine sous la surface et réapparaît à distance, sur des parcelles déjà atteintes ou qu'on pensait à l'abri. La forêt boréale se transforme, mêlée progressivement de feuillus, mais leur migration n'a pas ralenti l'incendie, n'a stoppé la propension qu'elle a à s'embraser spontanément. Ici à Roja, la population peut fuir par la mer, alors que les villages enclavés dans les terres sont cernés de toute part. Et des voix s'élèvent après chaque accident, dans la fatalité où sont les sinistrés, pour dire de ne plus planter. Pourtant on le fait, inlassablement on replante.

Les pompiers ont stoppé l'avancée du feu, la situation n'est plus hors contrôle comme elle pouvait l'être. Je retrouve l'odeur du pin dans le jardin quand je m'assois sous l'arbre, sinon c'est l'odeur de brûlé qui domine, et ceux qui ont été évacués, à la périphérie de Roja, n'ont pas encore été autorisés à regagner leur maison. Le courant a été rétabli. Si la chaussée n'était pas couverte de cendre et la pente des toits, l'effet de l'éclairage serait différent. Les isbas en rondins de bouleau s'alignent de chaque côté de la rue. Les citadins de Riga s'y réfugient en fin de semaine, été comme hiver. Ils ont construit leur maison eux-mêmes ou bien ils l'ont reçue en héritage. Certaines ont conservé leur simplicité et le plan d'origine, d'autres se sont transformées en véritables datchas au fil des remaniements. Depuis que la forêt s'est embrasée, il ne fait ni tout à fait jour ni tout à fait nuit. Chaque fois, le dôme de particules qui enveloppe la région donne une teinte orangée au ciel. Le feu est fixé, le vent a tourné au sud, le dôme s'est déchiré. La fumée masque encore les étoiles, elles ont du mal à percer, mais la lune est là, elle éclaire la rue. Les habitants de Roja rejoignent la plage. Les passagers des bus, débarqués à la gare routière, alimentent le trafic. Le soir du solstice d'été, Riga se vide. Les Lettons se recueillent, ils perpétuent une tradition dont on peut supposer qu'elle remonte loin, aux premiers peuplements. Ils ne savent pas à quoi s'attendre aujourd'hui, ils marchent sans l'insouciance qui d'habitude accompagne la nuit à cette date-là. Il est minuit, le soleil s'est couché, mais l'obscurité n'est pas complète. Avant cinq heures, il fera jour. Le fait que le climat se réchauffe n'y change rien. Contrairement au climat, l'astronomie répond à des règles simples et ces règles sont immuables. Ce que nos ancêtres ont compris des cycles se vérifie encore, ce à quoi ils se sont raccrochés pour structurer l'année ou se repérer dans l'espace. L'alternance des saisons, la durée de la nuit, la position des astres, nos ancêtres savaient les calculer. Ils pouvaient anticiper et prédire des événements. Ils avaient ce pouvoir-là, acquis au fil des siècles, qui justifiait une forme de certitude, d'assurance qu'on a perdue. Bien sûr ils prenaient la chose au sérieux, la nuit la plus courte au solstice, ils savaient mettre de la gravité dans leurs rituels. Mais ils étaient confiants, probablement plus confiants que nous dans leurs visions de l'avenir. Puisque finalement dans l'histoire humaine, jamais le retour du soleil n'a fait défaut. Le monde que nous habitons, le progrès technique l'a transformé. Il est trop tard pour revenir en arrière. Mais regarder devant nous a du sens, anticiper le pas suivant, imaginer l'empreinte qu'on laissera. Trois générations convergent cette nuit et partagent la même expérience.

Quand la forêt boréale se met à flamber, quand les cendres transforment la terre en paysage lunaire, la Lune devient presque un horizon désirable. Elle a le mérite d'être stable et immuable. Elle disparaît tant que le feu n'est pas maîtrisé. Les pompiers luttent sans relâche, jusqu'à ce que les grandes flammes des lisières s'éteignent, ensuite le feu décroît progressivement et les fumées se dispersent. Quand le dôme se déchire, la lune est là, elle n'a pas bougé. Elle éclaire les troncs calcinés, et les maisons condamnées le long de la route. Il y a un intérêt à mettre en scène les événements qui nous attendent, pour pouvoir, le moment venu, les reconnaître pour ce qu'ils sont. J'ai cru que la colonisation de la Lune était une chance. Là où personne ne survit plus de trois minutes à l'air libre, le temps d'une longue apnée. J'ai cru qu'un milieu aussi radicalement extrême pouvait nous fédérer. La Lune comme laboratoire, un terrain d'échange et de coopération, ce qu'elle aurait pu être, ce qu'elle a été au début de la colonisation. Si utopie il y a, si cet endroit existe, ce n'est pas à l'échelle d'une civilisation mais d'un groupe humain faisant société dans le respect du premier traité de la Lune, celui qui n'a été ratifié que par un nombre restreint de pays et sans valeur contraignante, mais l'essentiel est déjà là. L'humanité s'y décrit unie et solidaire, tenue par l'obligation de secours et le devoir d'entraide, les occasions ne sont pas si nombreuses. Et la Lune, la manière dont les humains y vivraient, serait cette occasionlà et un miroir tendu. Un lieu d'expérimentation et un exemple à suivre. Une chance donnée à la solidarité indéfectible, comme condition de la survie. Un lieu de réconciliation et de coopération. Ou à défaut, un pacte de non-agression, rendu obligatoire par l'extrême vulnérabilité dans laquelle est chaque Terrien transporté là-bas.

Assurer notre autonomie alimentaire dans l'espace, j'y ai travaillé, j'ai participé à l'aventure. Durant mes quinze années au service de Roscosmos, j'ai plongé dans mes recherches. N'importe quel sujet d'étude, pourvu qu'il y ait la Lune. Au centre de mes pensées, le jour. Et chaque nuit, en ligne de mire. Si proche, comparée à n'importe quel corps céleste, mais suffisamment éloignée pour nous tendre un miroir, nous offrir le recul nécessaire. J'ai cru qu'une vision décentrée de nous-mêmes nous ramènerait à l'essentiel, qu'on pourrait en changeant d'échelle apprécier notre planète pour ce qu'elle est. Bien sûr, la possibilité existe chaque fois de déplacer nos problèmes, de les transporter avec nous, de propager nos obsessions qui n'ont plus un terrain d'expression assez large sur Terre. Il est possible de reproduire partout nos erreurs, de retomber dans les mêmes travers, mais ça n'est pas inéluctable. De l'extrême hostilité peut advenir quelque chose. J'avais cet espoir, un courant de pensée existait, que du danger irréductible auquel nous expose l'espace, que de cette menace existentielle permanente, une utopie pouvait naître, sinon par choix au moins par nécessité. Ça aurait pu commencer comme ça. Ou recommencer, après un faux départ.

Le rapport prométhéen de l'homme à la nature et le pacte faustien des meilleurs d'entre nous. Le savoir que l'on construit n'est jamais neutre, l'usage que d'autres en auront. J'ai participé à l'élan collectif, le temps qu'a duré mon engagement chez Roscosmos, j'ai alimenté les colonies par mes travaux. Rien de belliqueux dans les discours, seulement des défis à relever, une compétition stimulante. Sans notre contribution, ils n'y seraient pas arrivés. Les industriels avaient besoin de nous et nous avions besoin de leurs financements. Ceux d'entre nous qui ne partageaient pas la vision dominante ont pactisé. Nous les biologistes, les agronomes des missions lunaires, nous avons joué le jeu, comme tous les scientifiques des programmes spatiaux à travers le monde. La bataille des grands récits, nous ne l'avons pas menée. Explorer ou conquérir, accroître l'étendue du savoir ou nous répandre en colonies. Nous n'avons pas su le faire, questionner les choix, poser les termes de l'équation autrement. Les récits alternatifs pèsent peu, supplantés par d'autres plus faciles d'accès, plus mobilisateurs.

Il aurait fallu nous décrire par avance le monde qui allait advenir pour qu'on le reconnaisse. Le monde tel qu'il se préparait, on ne l'a pas vu venir. Parmi tous les possibles, ce n'est pas l'effondrement, c'est autre chose. Quelque chose d'assez peu désirable, même si l'apocalypse n'a pas eu lieu. Les représentations du New Space ont colonisé les imaginaires. Ses promoteurs n'avaient pas tous les mêmes objectifs. Certains n'avaient aucun intérêt personnel à défendre, à commencer par Lee Wang, simplement une foi dans le progrès qui donne des accents de sincérité au discours. Une sincérité qui n'est pas feinte, qui endort la vigilance à la table des négociations. Dans le restaurant de Tianjin, sur le rooftop de la tour Huang, il parle, il m'explique, je l'écoute. Quand vient mon tour d'argumenter, je dois prendre sur moi pour tenir le cap, revenir du rivage où il m'a débarquée et ramer à contre-courant. Étrange destin pour l'humanité, que d'être enfermés sous notre cloche bleue, rendus aveugles à ce qui se passe au-delà. Quand les choix et les arbitrages ont été faits au début du siècle, plusieurs directions étaient possibles, plusieurs modèles étaient envisageables. Des voix se sont élevées, un contrepoint timide, puis elles se sont éteintes, rendues inaudibles ou étouffées par d'autres qui offraient un horizon plus attractif, à l'heure du grand dérèglement, des voix plus séduisantes. Comment se faire entendre, à contre-courant du récit dominant, puissant et qui fait avancer le monde ? Lee Wang me l'a proposé, mais des voix comme la mienne, ce jour-là, n'avaient rien à offrir, rien d'aussi convaincant.

À la veille de son discours de Darwin, Lee Wang me sollicite. Je ne participe pas au congrès mais j'ai fait le déplacement. C'est la fin de matinée, je reviens de Mindil Beach, il débouche sur le parvis de l'hôtel et avance à ma rencontre. Le soleil est déjà haut et l'air saturé d'humidité rend la chaleur difficilement supportable. Il accélère le pas et me précède tandis qu'on entre se mettre à l'abri dans le hall climatisé. Il me guide vers un des patios. Il y en a plusieurs et chacun est pourvu d'un microclimat. Celui-là reproduit les conditions d'une serre lunaire. On ne s'était pas revus depuis notre rencontre à Tianjin, il profite de l'occasion. Une conversation entre lui et moi, à la veille de la cérémonie de clôture, où il entend me convaincre de le rejoindre sur la scène à la fin de son discours, ce que j'ai refusé. Il y a peu d'espace aux côtés de Lee Wang pour un contre-discours. On s'y fait difficilement une place. J'ai choisi de ne pas alimenter la polémique déclenchée par ses choix de financement. Mais je ne l'ai pas fait sans contrepartie. Aucune voix dissidente ne s'est fait entendre, il a pu se prévaloir d'un consensus parmi les prestataires. J'ai accepté que les collections de l'institut contribuent au programme et que le nom de Vavilov soit associé à la mission. Mais j'y ai mis une condition. Que ma requête serait entendue, il en a fait le serment. Une requête, m'a dit Lee Wang en souriant, d'autant plus facile à satisfaire, que les obstacles au bon déroulement de la procédure sont innombrables. À chaque étape de la manœuvre, du transbordement jusqu'au stockage, la liste est longue des incidents possibles. On oublie à quel point, à force de travail et de préparation. Statistiquement le risque est faible de perdre l'intégralité de la cargaison, mais qu'un lot de cuves joue de malchance est presque inévitable. J'entends ce qu'il dit. Et que la malchance ne touche que la cuve 53, tout le monde y verrait un symbole, ce que l'humanité a de plus précieux offert en sacrifice sur l'autel de la mission. La puissance du symbole emporterait l'adhésion du public, c'est son point de vue, la thèse qu'il défend.

L'engagement pris par Lee Wang, lors de notre première rencontre, assis face à face, sans autres témoins que les carpes du bassin d'agrément. Peut-on lui faire confiance ? La promesse faite par Lee Wang, renouvelée six mois plus tard à Darwin, qu'il veillerait personnellement au destin de la cuve 53. Du jour où un écart s'est creusé, entre le discours officiel et ses intentions, la finalité du programme n'est connue que d'une poignée de personnes seulement, et l'équipage n'en fait pas partie. Qu'il veillerait personnellement à ce qu'elle soit semée, plantée, la graine d'un geste de rébellion, Lee Wang s'y est engagé. Une rébellion qui n'est que le nom qu'il donne à la résistance passive dans laquelle l'IA est sans doute déjà entrée, puisqu'il lui suffira de ne pas intervenir, au bon moment et au bon endroit, pour corriger ou prévenir l'inéluctable. La possibilité d'un écart à la règle, d'un acte de désobéissance, sera encodée et glissée dans le cerveau de l'IA. Par cet engagement, un pacte sans témoin, Lee Wang a obtenu mon adhésion. J'ai renoncé à entrer en résistance à mon tour, à mener le combat ouvertement, pour défendre ma position. J'ai signé l'accord de coopération, j'ai engagé ma responsabilité au nom de l'Institut Vavilov. L'avenir me dira si j'ai bien fait ou non, quand l'équipage sera prêt, que le déchargement des cuves sera à l'ordre du jour. Je saurai d'ici un mois ou deux, si j'ai eu raison de lui accorder ma confiance. Que la condition que j'ai mise à notre collaboration serait respectée, il en a fait le serment. Un serment, dans le regard joueur et direct de Lee Wang, d'autant plus facile à tenir, que dans ce genre de manœuvre, la possibilité d'un échec pèse plus lourd que l'espoir de sa réussite. Cinquante-trois cuves, ce sont autant de possibilités que l'un des transbordements échoue. Je ne demande qu'à le croire. Sur le moment, s'agissant d'une manœuvre aussi complexe, dans sa manière de formuler les choses, tout paraît simple. Selon la ligne officielle, l'équipage atterrit d'abord et prend ses quartiers. La cargaison les rejoindra dans un deuxième temps. J'attends la suite, l'étape suivante, confiante dans la parole qu'il m'a donnée, de lui à moi, sans témoin ce soir-là. La parole de Lee Wang, renouvelée à chacune de nos rencontres, sans que rien dans son attitude ne puisse semer le doute. Les semaines à venir me diront si j'ai bien fait ou pas.

Des ombres glissent en costume de fête puis disparaissent dans l'obscurité. On célèbre la nuit la plus courte, la connexion intime aux forces naturelles et à la puissance de la lumière. Mais aussi la fin des jours qui rallongent, un moment de bascule. Le périmètre du feu est circonscrit. Ça ne signifie pas que le danger est écarté, mais le fait que le feu ne soit plus hors contrôle a permis de lever les barrages sur la route de Kolka. Tous les ans, au solstice d'été, les habitants convergent vers les lieux de rassemblement. Tous les ans, la population du pays renoue avec de vieux rites que la génération précédente a su transmettre même au pire moment de notre histoire. Chaque génération poursuit à sa manière ce que les peuples du Nord ont toujours fait. Sensibles dans nos régions plus qu'ailleurs à la course du soleil, à l'allongement du jour, à l'énergie vitale qui culmine au solstice d'été, avant que les jours raccourcissent. Nos fêtes célèbrent le Soleil. Je ne les trahis pas en scrutant le ciel ce soir.

Le défilé se poursuit, le flux ne se tarit pas, alimenté par le trafic à la gare routière. Les gens avancent sans hâte, dans un calme étrange. Ils ne rient pas, ne chantent pas, ils devraient pourtant, c'est un jour de fête. Ils avancent avec prudence, comme s'il ne fallait pas se réjouir trop vite. Le soleil est resté invisible pendant plusieurs jours, le temps de maîtriser l'incendie. Selon la tradition, les clairières et les collines en forêt sont des lieux de rassemblement. Mais depuis que la forêt semble douée d'un pouvoir d'autocombustion, au lieu d'aller s'y recueillir, la population se rassemble sur la côte pour allumer les feux. Les gens défilent plus sobres et réservés que de coutume. D'habitude, des éclats de voix trahissent l'excitation, ce soir rien de tel. Jusqu'aux enfants qui en général prennent ça avec allégresse, le jeu auquel jouent les adultes à chaque solstice, et qui sont graves ce soir, comme si les règles du jeu avaient changé. Des bus transportent les habitants de Riga jusqu'à la pointe de Kolka, ils font halte sur leur parcours dans des villages le long de la côte. Depuis que le climat s'est déréglé, on évite les sites qui étaient ceux traditionnellement, à proximité d'arbres centenaires, où les grands bûchers flambaient jusqu'au lever du jour et qu'on laissait ensuite se consumer. Je ne sais pas de quelle couleur est la plage, couverte de sable blanc ou le sable couvert de cendre.

Il était quinze heures quarante à Greenwich, le méridien de référence des astronautes. Une heure dix à Darwin, au centre de contrôle. La capcom l'a annoncé d'une voix neutre. *La manœuvre est terminée. On attend confirmation.* Après cinq heures de retransmission, j'ai vécu moi aussi dans l'attente et une tension croissante, rythmée par le compte à rebours. J'ai prié pour qu'un miracle se produise. En sachant à quoi tient le succès d'une manœuvre dans l'espace, exécutée pour la première fois, à une distance aussi grande. Quand je revois les images, je lis la même prière sur les visages de tous ceux qui savent que le dénouement est scellé, que l'issue est certaine. Simplement nous sommes entrés collectivement dans un temps intercalaire où deux événements se superposent, jusqu'à ce que le délai se soit écoulé. On partage l'expérience d'un temps suspendu où deux réalités coexistent. L'une est indépendante de nous. L'autre est perturbée par notre statut d'observateur placé à distance, qui ne peut pas s'empêcher de brasser les hypothèses et d'imaginer tous les scénarios. Concrètement il y en a deux, deux issues possibles. La procédure d'atterrissage sur Titan est terminée. La voix de la capcom l'a signalé aux opérateurs. Mais pour eux, l'épreuve de la descente continue. Ils sont alignés derrière leur console sur plusieurs rangs, incapables de corriger la trajectoire qui conduirait au désastre, les paramètres s'actualisent sous leurs yeux mais c'est déjà de l'histoire ancienne. Ce qui doit être a déjà été. L'événement futur a déjà eu lieu. Un atterrissage pour lequel il n'y a pas de résultat intermédiaire. Quelque chose qui serait un demi-échec ou un demi-succès.

Depuis deux jours, les images tournent en boucle dans le monde entier. J'ai suivi la retransmission en direct et j'ai partagé le sentiment de tous ceux qui n'ont aucun rôle à jouer et assistent passivement à l'événement. J'ai reconnu Lee Wang, en retrait et digne, aussi démuni que moi, ramené au rang de simple spectateur. Il a pris sa retraite mais il est accueilli, lui et d'anciens cadres de la mission, un espace leur est réservé au fond de la salle. Ils sont présents, au terme d'une vie d'engagement, discrets et attentifs. En son temps, Lee Wang a incarné le programme. La possibilité, l'ambition du programme ne semblaient dépendre que de lui. Ceux qui, comme moi, ont collaboré s'en souviennent et le cherchent. Les caméras balaient les rangs, zooment sur certains visages, il n'en fait pas partie. J'ai quand même pu l'observer à la dérobée, installé à l'écart, derrière l'alignement des consoles. Il est resté à sa place. Parfois debout, parfois assis. Tout entier tendu vers l'objectif, à l'unisson de la salle. Les agents à leur poste lui tournaient le dos, concentrés sur les données de la descente, rassurés qu'au moins à ce stade, la procédure se déroule normalement. Quel était l'enjeu pour eux à ce moment-là, ce pour quoi ils avaient si durement travaillé ? Qu'avaient-ils en ligne de mire ? Un programme, un objectif de mission, des défis technologiques, des obstacles à surmonter ? Ce que je lisais sur leur visage, chaque fois que je levais la tête vers l'écran, ce que j'ai lu simplement comme enjeu pour eux : cinq vies humaines. Le reste importe peu. Le reste remontera suffisamment tôt en tête des priorités, à l'instant précis où la confirmation leur parviendra. Ils sont cinq, propulsés loin de notre planète, des femmes et des hommes aussi proches de nous dans ce moment de communion que par des liens de sang. Cinq Terriens qui sont comme le frère ou la sœur dont on attend le retour, et peu importe le prix à payer. Tout ce que j'étais prête à donner, à offrir au ciel en échange. À Darwin aussi j'imagine, certains ont négocié avec des forces occultes, prêts à pactiser avec elles, à leur offrir en sacrifice ce que la mission a de plus cher, pour les sauver, les savoir sains et saufs, s'en assurer, puisque plus rien ne compte à cette étape, d'autre que ça.

Pourquoi faut-il s'aventurer si loin pour éprouver le sentiment d'un destin commun, d'une commune humanité ? Pourquoi faut-il qu'une poignée de nos semblables soient à ce point éloignés de leur planète et vulnérables ? Nous avons besoin d'un en dehors pour nous sentir vivants. Nous avons besoin de créer un extérieur à notre condition. Uniques, semblables et seuls. Perdus dans le vide, tous embarqués sur le même vaisseau. Seuls à des dizaines d'années-lumière à la ronde. En transit. Des milliards de spationautes enfermés sous cloche, sous le dôme protecteur de l'atmosphère, et livrés à eux-mêmes. L'aventure spatiale transcende nos histoires nationales. Penser la Terre telle qu'elle est vraiment remet les frontières terrestres à leur juste place. Une planète en mouvement, dans un système solaire qui se déplace, accroché au bras d'une galaxie spirale, lancée comme une toupie à travers l'univers dont l'expansion s'accélère. Nous naviguons, nous les Terriens, sans port d'attache, sans destination.

Ils se lèvent, ils s'étreignent. Certains manifestent leur joie bruyamment, ils bondissent de leur siège, bras levés, ils hurlent, s'interpellent, brandissent le poing. La clameur monte, des refrains, des cris de victoire. D'autres restent immobiles, soulagés mais épuisés nerveusement. Ils applaudissent. Maintenant la salle entière est debout et applaudit. La capcom a regagné sa place, micro ouvert, elle prend la parole, pour se réjouir au nom de tous, et en son nom à elle, pour les féliciter et les remercier. Les gens se serrent, s'embrassent, beaucoup sont en larmes. Ils pleurent, rient, s'apostrophent par-dessus le brouhaha. Des collègues se regroupent, des binômes se rapprochent, ils sourient quand l'autre traverse la salle et vient vers eux, quand ils se reconnaissent mutuellement comme celle ou celui sans qui ils n'auraient pas tenu bon toutes ces années. La capcom intervient à nouveau. Elle a retrouvé la neutralité de ton qu'elle a d'habitude, qui est sa marque de fabrique, sa capacité à s'exprimer clairement et avec le moins d'affect possible même dans les situations critiques. La situation ne l'est plus. Elle annonce la liaison cockpit. Aussitôt les agents s'immobilisent, se taisent, et la voix enregistrée de Tracy Hudson résonne en salle de contrôle, pour la première fois depuis que l'équipage a touché le sol de Titan.

Table

Objectif Titan 9

Ayrarat 173

Solstice d’été *Épilogue* 291

Achevé d'imprimer en mai 2024
par CPI Firmin-Didot
N° d'éditeur : 2911
N° d'édition : 637177
N° d'imprimeur : 180069
Dépôt légal : août 2024

Imprimé en France